Francisco Martínez Pintor

ECUMENÓPOLIS

DE LA IMAGEN

BEAUVOIREANA

DEL MUNDO

ECUMENÓPOLIS DE LA IMAGEN

BEAUVOIREANA DEL MUNDO

Francisco Martínez Pintor

Pseudónimo FFANK

Ecumenópolis de la imagen Beauvoireana del mundo

Editorial Lulu

Título del libro
Primera edición: Julio 2011
© De la obra: Ecumenópolis de la imagen Beauvoireana del mundo
© Trabajo de Investigación (EMUI)
© cubierta: Universidad Complutense de Madrid

© Editorial
http://www.lulu.com

ISBN- 978-1-4717-6823-3
Depósito legal: w1203021231647
People.safe creative.com
Printed in Spain by lulu.com

Reservas legales (ver contrato)

UNIVERSIDAD COMPLUTENSE DE MADRID

Euro-Mediterranean University Institute / EMUI

MÁSTER: Sociedad de la Información y del Conocimiento

("Information and Knowledge Society")

TRABAJO DE INVESTIGACIÓN

ECUMENÓPOLIS DE LA IMAGEN BEAUVOIREANA

DEL MUNDO

FRANCISCO MARTÍNEZ PINTOR

2010 - 2011

6

INDICE

1.- INTRODUCCIÓN

<Nuestras libertades se soportan unas a otras como piedras de una bóveda, pero de una bóveda que no sostienen ningún pilar. La humanidad está enteramente suspendida en un vacío que ella misma crea por su reflexión sobre su plenitud>. Esta esfera de apropiación del hábitat, que Simone de Beauvoir dibuja metafóricamente, es una visión existencialista que me plantea una serie de interrogantes personales en cuanto que soy y pertenezco al mundo imaginario de una sociedad politeísta, genuina y socializada hasta en sus resortes más internos, crítica con casi todo, pero que es presa de su origen, sus carencias y de sus miedos, una sociedad como otra cualquiera que se suma o se resta y hasta multiplica sus vaivenes ingénitos con su necesidad imperiosa de comunicarse permanentemente ante tantos vacíos superficiales, de situarse en un espacio legítimo de libertad, como ciudadanos prestigiados en conciencia y abstraídos de agnosias globalizadas. El ser civil necesita un hábitat decúbito para asirlo perpendicularmente y un ambiente connatural que le aporte la sensación acrisolada de que desde su imaginación lo puede proyectar casi todo.

Chombart de Lauwe nos recuerda que la familia es el conjunto de personas que viven bajo una misma llave, y el ser humano como dominador de su espacio y miembro de varias familias sociales se enfrenta cada día a la fluctuación de sus identidades en un marco globalizador de naciones y culturas que pueden repercutir en una nueva filosofía metropolitana y cosmopolita, desproporcionada para su capacidad de absorción orgánica. Un panorama delirante que puede llevarle a la alienación tecnológica o a la articulación feudataria de las interacciones de las redes sociales.

Veamos con qué capacidades personales y comunicativas disponemos para formar parte de un nuevo espíritu beauvoireano, personalista y vitalista, así con qué otros espacios contamos para defender su genuismo en libertad.

2.- OBJETO DE ESTUDIO

--El lenguaje de _la libertad_ parte de la unidad y no debe confundirse en la inmensidad de ningún espacio imaginario ni en la complejidad. El problema del ser pensante como creía Descartes, viene al enfrentarse con la "res extensa" sin llegar a entender el universo y otorgarle una identidad a las cosas como pseudo-propiedad. Internet y los procesos globalizadores permiten la unificación del lenguaje y de un deseo de libertad irreprimible, pero al generarse un dialecto nuevo compartido por otros dialectos, se producirá un bilingüismo social (diglosia global) y otras formas de abstracción que permitirá alienarse aun más a los que permanecen en la ignorancia de su procedencia y por otra parte a potenciar el grado de conocimiento y de libertad de los que se hacen a sí mismos.

--La _ciudad_ como espacio arquitectónico corre la suerte de estandarizarse bajo un monopolizador universal en un ecosistema tecnológico irrespirable de libertad y con peligro de marginalidad autonómica. La urbe global se ha convertido en la imagen ecumenopolizada del mundo, no como urbes gigantescas, sino como una red que penetra la totalidad del territorio y acabando con la dicotomía rural-urbano. Tras el paradigma Geddiano de las ciudades-mundo, ahora la gran cuestión es verificar si esa red sin fronteras trascenderá el sistema nervioso de sus habitantes en una dilución consentida y hasta cataléptica que les acerque a la robótica y al final no exista demasiada diferencia entre ambos.

--Un *ser Beauvoireano* se hace imprescindible en tiempos de crisis, aunque revisando la historia siempre se avanza como resultado de nuestra constante permanencia en estado de crisis.

"El único error sería desconocer el peso y la existencia de su propia realidad". Para ello analizaremos el lugar que ocupamos en el mundo globalizado y las perspectivas de habitabilidad con garantías suficientes de independencia y de libertad en sintonía con la tecnología y el medio ambiente en pro de una identidad inalienable. Pero si hay alguna "identidad cultural" que sea universal y beauvoireana es el "derecho a la diferencia" como único iusnaturalismo posible en un mundo sin fronteras y urbanizado en el que no cabe la subordinación ni la desigualdad entre las partes.

Definir la ecumenópolis de la imagen beauvoireana del mundo es creer en el proyecto de vida de cada individualidad, sin ninguna discriminación posible y apostar por Liberar la libertad, tanto de los proscritos como de los abnegados, revisando y superando los dualismos interconectados de Naturaleza y libertad, cuerpo y mente y sentimiento y razón. Consiste en el propio conocer, al estilo Heideggeriano, como proceder anticipador en la naturaleza, porque todo proceder anticipador requiere ya de por sí, un sector abierto en el que poder moverse.

3.- OBJETIVOS

3.1.- Generales:

* Atraer la atención sobre algunas dimensiones reales del espacio globalizador que urbanizan el ecosistema.

3.2.- Específicos:

* Cuestionar la libertad de acción entre la esfera personal y el mundo
uniformado y monopolizado.

* Diseñar un tipo de pensamiento propio (beauvoireano) y
abierto.

* Redefinir el concepto de red social en el ámbito de la
creatividad.

* Superar lo franqueable del ser sin dejar de ser.

4.- HIPÓTESIS

1ª Percepción del "espacio" en las etapas de desarrollo del niño en Piaget.

La noción de espacio el niño la adquiere con cierta lentitud. Al principio tiene un concepto muy concreto del espacio: su casa, su calle; no tiene siquiera idea de la localidad en que vive. Pero esa noción se desarrolla más rápidamente que la de tiempo, porque tiene referencias más sensibles. Los niños de poblados rurales tienen dificultades para entender información de origen urbano. La interferencia del conocimiento directo con el conocimiento de fenómenos fuera de su percepción inmediata, puede darse en el caso de niños de escuelas rurales que no imaginan el mar o la ciudad como referencias geográficas. Lo mismo sucede en el ambiente urbano, donde los niños de 6 a 8 años (depende mucho del ambiente familiar) creen que en el campo todas los caminos tienen pavimento, porque su calle y todas las calles que conocen son pavimentadas. La Televisión, a pesar del caudal de información que introducen en el hogar, no ayudan en esta parte del desarrollo del niño, simplemente porque ellos no entienden los contenidos de las noticias, o porque los padres no los incentivan a entenderlas.

2ª La Construcción de la noción de Espacio como categoría inherente al desarrollo subjetivo. (Roitman, C 1993).

"Es necesario preguntarse en cada momento de la construcción de un aparato psíquico, qué tipo de especialidad psíquica se ha constituido y a partir de ella qué tipos de realidades exteriores se hayan podido ir engendrando en el proceso". www.uces.edu.ar/institutos/iaepcis/8.../monica-czerlowski.pdf

3ª <u>Bernard Williams</u> y su "concepción absoluta del mundo".

"La realidad siempre está carente de perspectivas, porque al existir primariamente y ser en esencia portadora, no solo de toda posibilidad de los fenómenos naturales del mundo". (www.grupocyp.comuv.com/trabajos/kalpokas4.pdf)

4ª Simone de Beauvoir y el fin supremo de la moral "liberar la libertad".

"Entre su proyecto intelectual y el anatema de que la biología es destino, entre amar y no comprometer su libertad". Junto a Jean Paul Sartre, analizan la libertad que los seres humanos se niegan como propia, ocultando sus facetas y viviendo con angustia, por ello defendían la existencia precediendo a la esencia, reconociendo que la naturaleza en esencia es lo que nos empuja a ser de una determinada manera.

5.- METODOLOGÍA

5.1.- Supuestos del enfoque cualitativo para el estudio de las representaciones sociales

Para el enfoque cualitativo (llamado también interpretativo), lo que la gente dice y hace –la conducta humana– es producto del modo en que realmente define su mundo. De aquí que la realidad que importa es lo que las personas perciben como importante. La realidad social está construida sobre los marcos de referencia de los actores en un mundo dinámico y en el que prevalece la acción. Así, existen múltiples realidades construidas por los actores individuales. Por eso, la verdad *no es única* ni lo ha sido nunca, sino que surge como una configuración de los diversos significados que las personas le dan a una cierta situación. Desde el punto de vista del Interaccionismo Simbólico, la realidad social de los sujetos se crea de manera intersubjetiva, los hechos de este mundo se fabrican y son elaborados en el curso de un proceso de interacción simbólica en un espacio real.

Según Weber (1981), la comprensión implica ver el mundo desde el punto de vista de los otros; por lo que es esencial experimentar la realidad tal como otros la experimentan. Lo cualitativo busca conocer los significados que los individuos dan a su experiencia, lo importante es aprehender el proceso de interpretación por el que la gente define su mundo y actúa en consecuencia.

Pero a este enfoque pragmático debemos añadirle un aspecto identitario, personal e intransferible que contraste con la visión globalizadora del mundo, en un momento histórico que se debate entre la soledad más colonizada y universal frente a la atomización de la libertad individual y la nano-racionalidad binaria.

5.2.-Procedimiento metodológico

Estos enfoques se consideran, cualitativo uno y experimental el otro. Según Anguera, el enfoque cualitativo es "una alternativa metodológica que permite ver el problema y darle solución de una forma natural, inductiva y holística donde el investigador desarrolla conceptos, intelecciones y comprensiones partiendo de pautas dadas por la información, así como de considerar las

personas o grupos como un todo relacionándolos con el contexto en el que se hallan; ya que la tarea es suministrar un marco dentro del cual los sujetos respondan de forma que se representen fielmente sus puntos de vista respecto al mundo y sus experiencias" (Anguera Arguilaga, M.T en "la observación participante", 1995: pp. 73-78).

El enfoque experimental lo adoptaremos a través de las variables siguientes: Espacio, Ciudad, Estructura, Paisaje, Escala e Identidad, como los parámetros ambientales donde el individuo se desarrolla y donde puede ejercer su libertad.

5.3 Áreas de estudio

1.- La Geografía de la población, también llamada algunas veces *Demogeografía*, estudia desde el punto de vista espacial o geográfico, el impacto del conjunto de los seres terrestres en el ecosistema. Para la Globalización tiene un interés estratégico comercial a nivel mundial en cuanto que se le ofrece como mercado absoluto y en continuo crecimiento.

2.- Otra sería *la matriz equística de Doxiadis*, como ciencia que estudia el entorno y los modos humanos de asentamiento, en debate sobre las dimensiones reales de su superficie, desde la habitación a la ecumenópolis (continente urbanizado) globalizadora.

3.- El método de *las constelaciones de atributos* con los resultados del análisis temático contenido en las respuestas tan variadas que presentan las diferentes culturas. Sus resultados dan cuenta de los cambios de creencias, convicciones y grados de satisfacción en las dinámicas de grupo y los roles sociales.

4.- Sociología urbana en el ámbito de las interrelaciones personales, laborales y de ocio que configuran el escenario físico y telemático del siglo XXI.

5.- Aspectos filosóficos de la personalidad y del conocimiento de los cibernautas y de quienes difieren respecto al uso y acceso de las nuevas tecnologías, sintetizado en tres líneas de estudio:

--- Individualismo como herencia y consecuencia del desarrollo industrial.

--- Lenguaje y comunicación digitalizados en una sociedad de servicios.

--- Materialización de las libertades generacionales.

6.- DESARROLLO

6.1.- NOCIONES DE ESPACIO

Las numerosas investigaciones sobre la representación del espacio en el niño, han confirmado el papel primordial de "la acción" (1*) en el campo del pensamiento. Piaget escribe: <En lo que a la acción en sí misma se refiere, hemos comprobado invariablemente cuán fundamental es su papel, en oposición a la imagen. La intuición geométrica es esencialmente activa: consiste, ante todo, en actos virtuales, esquemas abreviados de actos efectivos anteriores o esquemas anticipadores de actos ulteriores, y cuando falta la acción, la intuición se debilita>. De tal manera que para Piaget la acción es fundamental puesto que es a partir de las acciones concretas, como se constituyen las operaciones efectivas, y de la interiorización de estas últimas surge la operación intelectual o del pensamiento. En síntesis, para Piaget, las operaciones intelectuales que participan en la construcción de una noción o concepto forman un *grupo*, en el

---

(1*) Hans Aebli, Una Didáctica fundada en la Psicología de Jean Piaget, 1958, Kapelutz, Pág. 52-53)

sentido que matemáticamente se le da al término, esto es, cada operación es asociativa y tiene inversa. Carlos Armando Cuevas Vallejo al revisar el sistema ITS LIREC (2*) optimiza la introducción de una noción o concepto en diferentes en diferentes contextos. Así pues, se podrá observar que, en las lecciones se manejan conjuntamente contextos como el verbal, el geométrico, el algebraico (o aritmético), y el real (o físico). El mundo físico para el niño se le refiere a espacios de conocimiento sin tener en cuenta que también necesitaría un espacio físico tan diversificado para obrar en consecuencia y en plenitud de sus facultades. Para desarrollar la conciencia corporal que le permita cambiar y modificar las respuestas motoras y emocionales en el proceso natural de retroalimentación, ha de ser consciente de su movimiento e interactuar con el hábitat de manera no solo tartaleante, sino intuitiva. Los fundamentos de la consciencia corporal, del descubrimiento y la toma de conciencia de sí son:

a.   Conocimiento del propio cuerpo global y segmentario.

b.   Elementos principales de cada una de las partes su cuerpo en sí mismo y en el otro.

(2*) El ITS: The LISP Intelligent Tutoring System, elaborado por A.T. Corbett; J.R. Anderson y E. G. Patterson (Anderson, et al, 1987).

c. Movilidad-inmovilidad.

d. Cambios posturales. (Tumbado, de pie, de rodillas, sentado,...)

e. Desplazamientos, saltos, giros. (De unas posturas a otras.)

f. Agilidad y coordinación global.

g. Noción y movilización del eje corporal.

h. Equilibrio estático y dinámico.

i. Lateralidad.

j. Respiración.

k. Identificación y autonomía.

l. Control de la motricidad fina.

m. Movimiento de las manos y los dedos.

n. Coordinación óculo manual.

o. Expresión y creatividad.

p. Desarrollo expresivo de sentidos y sensaciones.

Parece asumible que el tener un desarrollo óptimo de conciencia corporal se toma conciencia del cuerpo como elemento expresivo y vivenciado, como un espacio de vida delimitado en una primera secuencia.

Conocer, desarrollar y experimentar los elementos de la expresión: espacio, tiempo y movimiento y todas sus combinaciones nos hace valedores del dominio de nuestro espacio centrado, en una segunda secuencia evolutiva. Conocer, desarrollar y favorecer la comunicación intra-personal, interpersonal, intra-grupal e intergrupal, completa el silogismo de la secuencia base, el principio vital de una persona consciente de sí misma y como ser social. Por ello desde la Academia educativa se potencia el trabajo en grupo y se le enseña con los mismos valores que el resto de su colectividad. Este aspecto de psicomotrocidad elemental es la materia prima para que el niño-persona pueda vivenciar situaciones que favorezcan positivamente el auto-conocimiento, la percepción de las cosas que hay a su alrededor, su progresiva sensibilización, la desinhibición personal y el objetivo rutilante de generarle un clima de libertad ejemplar y de creatividad, ¿y no es la unidad básica de libertad, de asumir y ejercer la parcela ergástula con responsabilidad en este espacio mayor que conocemos como modales de urbanidad?, y por otra parte ¿podríamos lograr la sociedad ideal formada para hacer el bien a toda la comunidad y enfatizada en la necesidad de rescatar los valores éticos y morales a través de la enseñanza de la urbanidad como alternativa?.

Joham Wolfgang van Goethe decía: "El comportamiento es un espejo en el que cada uno muestra su verdadera imagen". Quizás deberíamos proponernos formar y cultivar una sociedad basada en la urbanidad genuina y el buen ejemplo, donde todos podamos aprender de los demás y podamos corregirnos mutuamente, como aboga la democratizada globalización mediática en su espectro mesiánico de redimir a las naciones secundarias.

Así anda por desgracia la educación de la generación digital en economías de primer orden, descuidada en valores y sobrada de información centrifugada, lo que significa que la tecnología no es responsable directo de esta fallida urbanidad y que habrá que retomar los modos de sociedades clásicas que mantienen un respeto social y así mismos porque pueden servir de referente universal. Si unimos esta educación organizada con las infinitas posibilidades mediáticas de las últimas tecnologías, se podría diseñar una escenografía urbanística basada en el manual de Carreño (3*) y en un criterio racionalmente práctico, no como se va percibiendo en lo que ocurre en la calle más activa de la población, donde la gente va deprisa sin saludarse y todos se quieren ganar el paso, no hay tiempo para delicadezas,

hay que hacer las cosas de cualquier manera, y rápido". Sin embargo como se expresa en La guerra de las galaxias.

(3*) La urbanidad, dice la introducción a este manual, es virtud o manifestación de virtud: reflejo exterior de realidades interiores, la intención de integrarse positivamente en la vida ciudadana convertida en hechos).

Episodio 1 (La amenaza fantasma): "La urbanidad es el principio básico de nuestro orden social."

--Nuestra cultura de índole racionalista tiene como referencia a la "fysis griega" porque es una realidad diversa (sustancial) que se halla en continua y perpetua transformación, por eso sigue vigente y abierta a cualquier derivación basada en la lógica. *Espacio mental* y *espacio físico,* representan las posturas antagónicas del concepto en Platón y Aristóteles, en una síntesis que por un lado tenemos el mundo sensible, caracterizado por un proceso constante de transformación y, por otro, el mundo abstracto y perfecto de las Ideas, caracterizado por la eternidad y la incorruptibilidad platónicas. Sin embargo fue Zenón de Elea el que llegó a cuestionar el espacio, el tiempo y hasta el movimiento a través de paradojas como la de Aquiles y la tortuga (4*) y poniendo en evidencia el sentido ordenado y jerarquizado de las cosas, lo que daría como resultado posteriormente el cálculo infinitesimal y la convergencia con la teoría de la Relatividad de Albert Einstein, veinte siglos

---

(4*) Zenón, filósofo de Elea empeñado en demostrar la imposibilidad de la existencia del movimiento, realizó el siguiente argumento:" El guerrero Aquiles el de los pies veloces decide salir a competir en una carrera contra una tortuga. Ya que corre mucho más rápido que ella, y seguro de sus posibilidades, le da una gran ventaja inicial. Al darse la salida, Aquiles recorre en poco tiempo la distancia que los separaba inicialmente, pero al llegar allí descubre que la tortuga ya no está, sino que ha avanzado, más lentamente, un pequeño trecho. Sin desanimarse, sigue corriendo, pero al llegar de nuevo donde estaba la tortuga, esta ha avanzado un poco más. De este modo, Aquiles no ganará la carrera, ya que la tortuga estará siempre por delante de él.")

después. Visto así, dos observadores que se mueven relativamente uno al lado del otro con distinta velocidad, (si la diferencia es mucho menor que la velocidad de la luz, no resulta apreciable. Es decir, la percepción del espacio y el tiempo depende del estado de movimiento del observador o es relativa al observador. Einstein comprobó que todas las tentativas de medir cualquier velocidad habían fallado, de lo que dedujo que en el universo no existe ningún marco referencial fijo. Sin embargo, a pesar de esta relatividad del espacio y el tiempo, existe una forma más sutil de invariancia física, ya que el contenido de las leyes físicas será el mismo para ambos observadores, lo que significa que, a pesar de que los observadores difieran en el resultado de medidas concretas de magnitudes espaciales y temporales, encontrarán que las ecuaciones que relacionan las magnitudes físicas tienen la misma forma, con independencia de su estado de movimiento. Este último hecho se conoce como principio de covariancia (5*). ¿Entramos en la dicotomía racional de la tridimensionalidad o cuatridimensionalidad del espacio para entender los límites del espacio y de la libertad?. Aunque Poincaré fue el primero en

---

(5*) El principio de covarianza general afirma que las leyes o ecuaciones fundamentales de la física deben tener la misma forma para cualquier observador sea cual sea el estado de movimiento de éste).

introducir la idea de un espacio relativista de cuatro dimensiones con la introducción de una unidad imaginaria relacionada con el tiempo, es Minkowski el que transforma la unidad espacio-tiempo conocidos por otras formas de medida, donde el espacio y su distancia al ser relativas las define como intervalos, el tiempo en evento y a la velocidad le confiere la potencia de ser tetra-velocidad.

Correspondencia entre E3[5] y M4[6]

Espacio tridimensional Euclideo	Espacio-tiempo de Minkowski
Punto G	Evento
Distancia	Intervalo
Velocidad	Tetravelocidad
Momentum	Tetramomentum

-Pero antes de determinar su extensión en el mundo y su trascendencia, la persona tiene que ubicarse en una posición frente a él, centrado en su origen y potencialmente preparado para asumir su condición de habitante agibílibus y para ello se ha construido un ejemplo de sí mismo a través de los materiales y recursos naturales, primero y posteriormente con todo lo que deriva de su viabilidad práctica. Este proceso histórico de *cosificación del espacio* fue introducido sutilmente en el discurso del arte a partir de los avances en la psicología de la percepción, la que fue construida sobre un espacio abstracto y geométrico, pero en realidad ¿a que podemos llamar cosificación?. La Cosificación por definición nos dice que: El hombre deja de ser él mismo, humano, persona; para ser un simple medio e instrumento, y así se produce el fenómeno de la alienación o enajenación. Los intereses sociales y económicos se mezclan con los sentimientos y los afectos y esto lleva a constituir una compleja red de apariencias donde predominan la ostentación y un aparente poder. En cuanto que actúa en el mundo para transformarlo, para bien propio, en cuanto destino se entiende que el hombre desarrolla su vida en el mundo, en cuanto se refiere a lo de tarea, el influir del hombre humaniza al mundo y la vez él se humaniza. Esto indica un progreso integral y solidario que lleva a trabajar una naturaleza que se le de respeto. Ser en el mundo indica que nuestro ser es prolongación en el mundo, lo que significa mundaneidad en el mundo, por tanto nuestro cuerpo es parte del mundo.

Si personificación se da en el proceso de tratar objetos como personas, la cosificación no significa que cualquier cosa adquiera categoría de humano, como dice Ernesto Sábato en "los destacados son más (1970): *una cosa es la humanidad y otra la masa, es decir, ese conjunto de seres que han dejadode ser criaturas humanas para convertirse o para ser convertidos en objetos numerados, fabricados en serie, moldeados por una educación estandarizada, embutidos en oficinas y fábricas, sacudidos diariamente al unísono por las noticias lanzadas desde una Central Desconocida.*

El profesor Carlos Pérez explica que la "alineación" es también otro concepto donde un objeto extrañado es un sujeto alienado o objeto cosificado" donde solo el sujeto puede sufrir la alineación o psicológicamente lo designan como delirio o locura. La cosificación es el afecto hacia el objeto producido mientras que la objetivación es la transformación o evolución social del ser humano, de tal manera que la objetivación es la transformación o evolución social del ser humano, de tal manera que la objetivación misma es lo social. (6*) ¿Es posible aumentar la consciencia sobre el propio cuerpo y vivir de forma

---

(6*) www.scribd.com/../la-teoría-de-la-enajenación).

más armoniosa con él? (7*), se pregunta Eugenio Mussak ante el hecho de que la consciencia corporal nos otorga un mayor control sobre nuestras posibilidades y claro, sobre nuestros límites. Se basa en los experimentos de Leonardo Da Vinci cuando trataba de imitar a las aves en sus diseños para volar y de los cuales tuvo que reconocer la especificidad de la musculatura de las aves. Ellas evolucionaron para poder volar, nosotros no, así de sencillo. Al aceptar la consciencia sobre su propio cuerpo y sus limitaciones, afirmó posteriormente que la consciencia tiene exactamente la función de dar a conocer los alcances y los límites del cuerpo. Ante esta evidencia fisiológica, ¿cómo podemos aumentar la agradable sensación que la consciencia corporal puede acarrearnos?.

No podemos olvidar nuestros orígenes, somos el resultado de un largo y lento proceso de evolución que se basa en el principio de la selección natural. Significa que somos descendientes de los más aptos y para Mussak, al suprimir la actividad física y adoptar el sedentarismo como opción de vida, negamos nuestra genética. Lo natural es un cuerpo en movimiento y ante todo, ser conscientes de él y vivir en armonía y equilibrio, de tal manera que se tendrá una envidiable consciencia corporal, una correcta autoestima y algo

---

(7*) Eugenio Mussak en el artículo" Conciencia corporal de la Revista: Sapens sapiens).

fundamental, la alegría de vivir. ¿Favorece el desarrollo de las relaciones humanas el tomar consciencia corporal?. Es importante recordar también que gran parte del conflicto se da por el ambiente en que vivimos, por lo tanto el lugar puede no estimular la liberación de energía creada por la tensión y por ello, generar una serie de reacciones adversas: músculos encortados, respiración acelerada y una paciencia al límite. Wilhelm Reich tuvo el mérito de colocar el cuerpo en evidencia ante las discusiones sobre psicología humana. Creía que el hombre poseía una "gabardina invisible" e inconsciente para protegerse de los males externos, haciendo del cuerpo reflector directo de la mente. Los músculos tensos, la boca retraída, la postura inclinada, el mentón proyectado y los movimientos rígidos, presumían lo que denominó "coraza muscular" que servía para proteger al individuo portador de una personalidad fragilizada. Así el individuo sedimentaba camadas de vivencias que se superponen unas a otras con el paso del tiempo. Estas iban enrigideciendo cuando experimentaban sensaciones desagradables, sirviendo para ocultar sentimientos placenteros que podrían hacer del hombre presa fácil del medio urbano. Y como anécdota nos recuerda que el cuerpo para La Iglesia, según Eduardo Galeano, es sinónimo de culpa, para La Ciencia en cambio una máquina y para La Publicidad apenas un negocio. Pero como seres sociales que somos, nada puede ni debe intoxicar el uso genuino y correcto de nuestro lugar en el mundo, como cuerpo, pensamiento y acción.

--Según *la teoría antropológica de Mary Douglas* (1973), se concluye que el espacio definido como propio por el grupo familiar representa elementos naturales benéficos, que proporcionan protección y definen la forma; en el espacio exterior, en cambio, lo natural representa peligro y contaminación. Las acciones del grupo apuntan a preservar el 'adentro' separándolo de las amenazas exteriores. Lo cierto es que el ambiente es considerado un hecho social, y por tanto, un producto cultural, que define mediante el sentido establecido, la relación hombre-naturaleza. El ambiente, según Vidart (1986), está definido como el espacio donde los seres humanos interactúan con la naturaleza y expresan hacia ella y en torno a ella una comunicación simbólica, al tiempo que trabajan y se relacionan en sociedad; interacción simbólica que se manifiesta entre el medio natural y el ser humano, establecida a través de la cultura. Los sistemas simbólicos son estructuras culturales, fuentes de información que suministra una guía por medio de la cual los seres humanos desarrollan sus actitudes y acciones frente a la vida. Para Douglas, el orden simbólico se constituye en principios de organización, lo cual se expresa el pensamiento de la sociedad y ejerce presión moral sobre el comportamiento de las personas. Esto plantea la relación de las creencias con la vida social; los ritos operan como refuerzos de presiones sociales donde dichas creencias son custodiadas por peligros que amenazan a los transgresores.

"Estas creencias en los peligros constituyen tanto amenazas que emplea algún hombre para ejercer presión sobre otros, como peligros en los que él teme incurrir por sus propias faltas contra la rectitud" (8*).

--La posición kantiana y neokantiana afirmaba al espacio como una entidad subjetiva-ideal y *a priori* a todo conocimiento empírico. Así, finalmente la intuición humana permitía tener un "sentido" del espacio y su profundidad al recorrerlo. Schmarsow rechaza la teoría de que la arquitectura configura el espacio general para así transformarlo en un espacio singular, y cita: *La arquitectura no "modela" el espacio, así fuera materia dócil, entre otras razones porque el espacio no es una entidad real y perceptible, sino una abstracción que puede efectuarse desde campos muy distintos del pensamiento y partir de incontables supuestos. Por lo tanto no se configura el espacio, sino lo espacial o extenso, que es algo muy diferente.* (9*) Pero si el espacio no es la sustancia de la arquitectura y desde Aristóteles se reconoce una concepción distinta del espacio como *topos* (lugar) en la cual

---

(8*) DIAZ, Rosalyn y GOMEZ, Mariana. Representaciones del ambiente y organización social del espacio. Caso: Comunidad del sector "Chino Julio" del Municipio Maracaibo del Estado Zulia, Venezuela. *Espacio Abierto*, oct. 2005, vol.14, no.4, p.609-629.)

(9*) Morales, José Ricardo. "La concepción espacial de la arquitectura". En: Arquitectónica. Ed. Universidad de Chile, Santiago, 1969. pp. 147).

el lugar de un cuerpo u objeto se corresponde con los límites de sí mismo, entonces no es disparatado el pensamiento de Henri Lefebvre cuando afirma que: *El espacio vino a dominar, por contención, todos los sentidos, y todos los cuerpos* (10*). *¿Era el espacio un atributo divino? ¿O pertenecía a un orden inmanente a la totalidad de lo existente?.*

---La experiencia desbordante de la metrópolis, junto con la mecanización del paisaje a manos de nuevas industrias y la migración sin precedentes de campesinos hacia las grandes ciudades en el siglo de las grandes guerras, trajeron como consecuencia un cambio radical en las sociedades y la percepción que se tenía de ellas. Pero antes de que todo esto sucediera, el arte sufría una de sus más importantes crisis creativas, la que posibilitó la transición de la mímesis hacia la abstracción en el siglo XX. Sin embargo, la relatividad del espacio fragmentado es tan solo conceptual, ya que en el universo están todas las cosas interconectadas, como lo explica la teoría de campo en la condición en el espacio que tiene potencialidad para producir una fuerza. Cada carga crea una "alteración" o una "condición" en el espacio circundante de manera que la otra carga, cuando está presente, siente una fuerza. Así nació la concepción de un universo lleno de campos que crean fuerzas mutuamente interactivas.

(10*) Lefebvre, Henri. "The production of Space", Blackwell Publishing Ltd, Oxford, 1991.Pag. 1).

Nuestro espacio como vemos se va ampliando a muy diferentes dimensiones y aspectos diversificados, en una interacción de campos y vibraciones en el fluir energético de unos con otros o contra otros, a veces en desarmonía con la "masa crítica". (11*) ¿Somos o no somos tecnología humana?. Rupert Sheldrake, lanzó la hipótesis de que el universo no está funcionando de acuerdo a leyes inmutables sino más bien a modelos de hábitos creados por la repetición de ciertos sucesos en el tiempo, ¿y en el comportamiento?. Si el sistema nervioso también está gobernado por campos morfogenéticos, esta hipótesis de Sheldrake tiene poderosas implicaciones para la teoría del aprendizaje. En realidad, existe evidencia de que ocurre esta resonancia del aprendizaje.

Ya en 1920, el fisiólogo McDougall encontró que generaciones sucesivas de ratas aprendieron a escapar de un laberinto especialmente diseñado más rápidamente que la primera generación. La aparición de un campo promotor apropiado puede ser facilitar que surja un campo totalmente nuevo, no sólo por primera vez en la historia de un individuo, sino por primera vez en el mundo. Nuestra libertad viene a ser un campo gravitatorio que

---

(11*) Las veces que un miembro de una especie aprende un comportamiento nuevo, cambia el campo morfológico o productor de la especie. Este cambio es, al principio, apenas perceptible, pero si el comportamiento se repite durante cierto lapso de tiempo, su *resonancia mórfica* afecta a la especie entera. La matriz invisible que lo permite es un *campo morfogenético*, capaz de producir un efecto remoto tanto en el espacio como en el tiempo).

nos caracteriza ante la facultad de definirnos y actuar con voluntad, de ser creativos y de manejar información crítica. Con el devenir de los desencantos y la ambigüedad de la abstracción, el funcionalismo resultó ser una conclusión estilística mas, basada esta vez en un positivismo técnico y científico, una simulación de la eficiencia. (12*) que ha quedado en evidencia ante las leyes de la mutación genética que posibilitó la recuperación del darwinismo, eso sí con algunas importantes correcciones, a la hora de explicar el origen y evolución de los organismos vivos. La *genética de las poblaciones* nos interesa sobremanera porque se ha constituido en una de las disciplinas centrales de la moderna teoría evolutiva al suministrar modelos y parámetros relevantes del cambio evolutivo, mediante la distribución de las frecuencias de los genes en las poblaciones. Y es curioso que haya modelos de conducta en poblaciones que se rigen probabilísticamente con dirección al azar, mientras que el potencial evolutivo de una población más generalizada, está determinado por la variabilidad genética presente en la población, o sea que la evolución entonces se presenta cuando por mutación aparece un alelo más eficaz que el *alelo salvaje* correspondiente. ¡Seremos eficacia o electores de naturaleza!.

(12*) Eisenman, Peter. "El fin de lo clásico: el fin del comienzo, el fin del fin". En Revista Arquitecturas Bis N° 48, Barcelona, 1984. pp. 28-29.

--El *espacio geográfico* tiene unos elementos definidores comunes, y en general se puede afirmar que es el objeto de estudio de la geografía: Todas las acciones humanas y naturales tienen una plasmación espacial, de tal forma que el espacio se convierte en el soporte o continente de las múltiples interacciones existentes entre los diversos elementos naturales y humanos. Estas interacciones intervienen en el espacio modificándolo o aportando características propias, pero a su vez el espacio condiciona las interacciones elementales.

Los griegos, ya hablaban de la ecúmene refiriéndose al conjunto del mundo conocido por una cultura, a aquella porción de la Tierra permanentemente habitada. Se relaciona estrechamente con la geografía humana. Se toma la Tierra como morada de la especie humana e interroga la relación de interdependencia entre la humanidad y su hábitat. Max Sorre desarrollará este concepto de la "ecúmene unida"(13*) de Vidal y llega a decir que la Tierra es ante todo un hábitat en el sentido biológico, donde el género humano vive y se reproduce, dividiéndose en sí mismo en razas adaptadas a los diferentes medios. Empieza a vislumbrar que es un espacio que atañe a toda la sociedad. El espacio geográfico es todo lo que te

---

(13*) Vidal de la Blache (Principes de géographie humaine, 1921)

rodea, puede estar formado por tres elementos o uno solo dependiendo del lugar donde estés, los elementos del espacio geográfico son de tipo natural, social y económico, así lo afirma.

Montes, pero últimamente en el mundo globalizado el geógrafo Oliver Dollfus se centra en la interpretación en analizar aquello visible en el presente, a través de una triple perspectiva: los seres vivos que influyen los unos con los otros, los factores físicos y las transformaciones del ecosistema. Debido a su localización y al juego de las combinaciones que preside su evolución, cualquier elemento del espacio y cualquier forma de paisaje son fenómenos únicos que jamás encontramos estrictamente idénticos en otra parte ni en otro momento. Una ciudad, una montaña o un río, tienen una personalidad y una identidad. Jamás un paisaje es estrictamente igual a otro, como ningún ser nacido es copia de ningún otro.

--*Espacio Virtual:* Mattelart (2002) define a la sociedad de la información como una construcción geopolítica, es decir, como resultado de un devenir histórico, económico y político y no como si se tratara sólo del efecto de un desarrollo tecnológico, sin duda por su alcance global. Aunque la tecnología ha ido marcando la pauta desde la revolución industrial y hasta desde casi siempre, pero lo había hecho como una herramienta en manos del hombre, del que gobernaba su dominio y su alcance, no como ahora, que se ha convertido en algo universal, inmediato y con una capacidad de

44

resolución y efectividad que puede representar un modo de vida muy diferente a lo que se entendía como tradicional. El espacio virtual puede convertirse en una alternativa al espacio urbano y en un espacio tecnológico, menos público físicamente, pero con mayor alcance que ningún otro conocido. Merce Rodrigo considera que las redes digitales si son muy eficaces a la hora de la práctica de habitar la ciudad a través de una pluralidad de subjetividades y conocimientos individuales que provocan una competencia y una gran autonomía en el intervenir y gestionar su propio entorno. Lo califica culturalmente como entorno urbano "a medida" de los usuarios que nos hace pensar en una posibilidad ecológica de nuestro hábitat desde casa y con proyección activa, todo un lema a seguir contra la especulación del suelo y la explotación indiscriminada de los recursos naturales y de los que se generan por nosotros.

Por definición la idea de comunidad virtual va unida a la aparición de internet y se convierten en accesibles para el público en general, todo ello gracias al nacimiento de la World Wide Web (WWW) y la generalización de herramientas como el correo electrónico, los chats o la mensajería instantánea. Hasta entonces, su uso quedaba limitado al ámbito científico y a los expertos en informática. Un Espacio Virtual es un grupo de personas que comprende los siguientes elementos:

- Desean interactuar para satisfacer sus necesidades o llevar a cabo roles específicos.

- Comparten un propósito determinado que constituye la razón de ser de la comunidad virtual.

- Con unos sistemas informáticos que medían las interacciones y facilitan la cohesión entre los miembros.

Nadie puede estar de espaldas al avance tecnológico en ninguna ciudad en este siglo considerado cibernético, ahora incluso se habla de Capital Intelectual como resultado de lo que se sabe y lo que se mueve, por tanto los espacios virtuales son espacios de comunicación y transformadores de los mecanismos actuales de producción, pero con caracteres de provisionalidad y fecha de caducidad. Este aspecto de lo efímero es algo que nos permite ser libres a la hora de elegir, pero esclavos de su validez ante la incertidumbre de no llegar a poseer una solución general o cuando menos, suficientemente concreta. No podemos conformarnos por tanto con un espacio tan liviano temporalmente, pero sí aprovecharnos de su extensibilidad dimensional porque para ello es una creación del ser humano.

6.2.- NEOLITICUS SAPIENS

Cabe preguntarse si en la comunidad de la tierra el hálito humano comienza a ser persona o simplemente se le define como tal. ¿Tribu o grupo familiar?. ¿Qué fue primero?. La punta de flecha del homo sapiens es un concepto que antecede al origen de la cultura urbana por antonomasia, porque hasta que un poblado no creció lo suficiente, no se diversificó en sus funciones y fue en ese momento cuando el comercio proporciona la propiedad privada y el sentido de relaciones básicas que puedan considerarse sociales.

La palabra latina «homo» significa *nacido de la tierra*. «Homo» deriva de «humus», *tierra*. La misma etimología nos indica que no hemos de olvidar que el hombre es un ser de la naturaleza, un ser emparentado con todos los otros seres del universo. La palabra griega «anthropos», acentúa lo que nos diferencia de los otros seres de la naturaleza; significaba, primitivamente, *el que mira hacia lo alto* y, según el filósofo griego Platón, el hombre ha sido llamado «anthropos» porque, a diferencia de los animales, *examina lo que ha visto*. Blaise Pascal(1623-1662) pensaba que todo se puede dividir una y otra vez; incluso el átomo incluye una infinitud de universos. ¿Qué es el hombre en ésta infinitud negativa?,¡Todo un universo! El hombre —sigue afirmando Pascal— es una «caña pensante», que «un vapor, una gota de agua es suficiente para matarlo»; pero, y ésta es su grandeza, «pese a el universo lo aplastase, el hombre sería aún más noble que aquello que lo mata, porque sabe que muere y conoce aquello que el universo tiene de ventaja por encima de él; el universo no sabe nada de eso.»

Con la pérdida de libertad imperante en el paleolítico se ha generado una esquizofrenia colectiva secular que le ha llevado a masificarse y a golpearse con los demás en espacios cada vez más reducidos y controlados, psicoanalizados y sobredimensionados sobre sí mismos. El aire se le hace irrespirable y busca la verticalidad en otra afrenta contra los dioses de la razón, produciendo inseguridad y vértigo torrencial con las alturas, contraviniendo el proverbio germano que decía "el aire de la ciudad nos hará libres" En Dubai se construye la última torre de Babel y la ofensa especulativa más grande conocida en la arquitectura con una altura de 828 metros en 164 pisos, en un alarde de arrogancia supina que sobrepasa el gusto estético en mi opinión y que sorprende por apariencia, no por interés. Sin embargo la mayoría de los arquitectos consideran el futuro de las ciudades en el cielo y no en la tierra. Pretenden construir rascacielos gigantescos, capaces de alcanzar y hasta superar los mil metros de altura y albergar a 100.000 personas. Serían auténticas ciudades verticales, ya que ofrecerían a sus habitantes casa, trabajo y zonas de compras y ocio de todo tipo. Sus defensores aseguran que el medio ambiente saldría beneficiado, gracias a una menor ocupación de la naturaleza, un menor consumo de recursos naturales y una reducción de la contaminación. El medio ambiente y los ciudadanos de estas ciudades saldrían beneficiados de muy diversas maneras, según sus defensores. Una ciudad convencional de tipo horizontal de 100.000 habitantes ocupa una extensión de unos cuatro kilómetros de diámetro. Por su parte, una ciudad vertical con los mismos ciudadanos utiliza un área de un kilómetro de diámetro. La superficie no urbanizada podría por tanto devolverse a la naturaleza. El consumo de los recursos naturales como el agua es mucho más eficiente en una construcción vertical. Las diversas energías renovables, como la solar, la eólica, o la geotérmica, podrían aprovecharse de tal manera que reducirían su dependencia energética de fuentes no renovables y contaminantes, como el petróleo. Algunos diseñadores hablan incluso de crear edificios de energía cero, de manera que cubrirían todas sus necesidades energéticas (15*).

Un nuevo proyecto para Londres podría desembocar en la construcción de una ciudad vertical, todo un rascacielos faraónico de 1500 metros de altura. La razón es el crecimiento desmesurado de la ciudad, que ha generado ciertos problemas en el tema de la vivienda. Otros problemas de una ciudad demasiado grande es la garantía de servicios de emergencia con la debida velocidad o las infraestructuras necesarias para no marginar un barrio. Es un ejemplo de lo que puede ser un mundo en vertical de ciudades del futuro, con los espacios públicos al aire libre, pero en las alturas, algo descomunal que sin duda se plasmará en la geografía de las grandes urbes, diferenciando al exterior, no ya rural, sino horizontal, pero con los mismos servicios de telecomunicaciones y probablemente con similares contradicciones internas.

Al final se puede abarcar la dimensión más grande desde todo ángulo o rincón isleño como lo fue Creta, una cuna de caracteres globalizadores inverso a su magnitud geográfica, dando forma al concepto de Estado de los ciudadanos, como decía Aristóteles, los ciudadanos son marineros en la cubierta de un barco, un barco que hay que preservar en el viaje. El valor de la *polis* griega está en que en esa reflexión, de pensadores y no de tecnócratas, al ciudadano se le endosa la función de conducir, como el barco, la ciudad en que habita. ¿Qué papel le quedará al ciudadano globalizado ante tales inmensidades concebidas desde la ambición y la necesidad de ser dueños de nuestro propio espacio personal?. El ciudadano vive en, para y por la ciudad. No es solamente una persona, sino un individuo vuelto hacia los otros hombres. Ser ciudadano implica también entender una proyección hacia el futuro, por ello es necesario entender qué es el desarrollo sostenible, el cual se relaciona con satisfacer las necesidades básicas y para ello, la ciudad sostenible debe estar hecha a la medida de la persona, donde sea consciente del consumo de recursos, calidad ambiental y espacio.

(15*) www.ecoticias.com/bio-construccion/.../Ciudades-verticales.)

La satisfacción colectiva se relaciona profundamente con la equidad social. Se busca la solidaridad y respeto de la persona, bajo el entendimiento del ciudadano como ser social. Como dice Higger en "El rol del ciudadano en la construcción de la ciudad sostenible": La tarea del ciudadano es "encontrarse con su rol"; la del Estado, acompañarlo con medidas concretas de apoyo a su esfuerzo, propiciando la participación en distintos ámbitos e instancias, promocionar concertadamente el desarrollo local, participar en los procesos y la toma de decisiones, proporcionar liderazgo, definir los valores, las visiones y las metas comunes entre los ciudadanos.

6.3.- ARQUITECTURA O ESTRUCTURA IMAGINARIA

La _doble ilusión,_ espacio como medio físico y como concepto mental siempre han planteado su superación a través del proyecto y la arquitectura, Alöis Riegl, August Schmarsow y Heinrich Wöfflin, proponían de hecho a _la arquitectura como el arte del espacio,_ el arte de dar forma al espacio y de organizarlo. Para Schmarsow, el espacio (interior) era la esencia misma de la arquitectura, tal y como asegura en su discurso "la esencia de la creación arquitectónica" en 1894. Definir los límites entre interior y exterior es lo primero que un arquitecto proyecta antes de construir un edificio, pero ¿qué es espacio interior?. ¿Realmente los límites entre lo que está dentro y lo que esta fuera son visibles?. El concepto de espacio infinito es

fundamental para entender el concepto de espacio interior según Kafka (15*) y no tiene nada de exagerado, pues una escala solo se entiende a través de las proporciones y un sentido de la medida. Prácticamente es una cuestión antropométrica y para que sea innovadora no solo afecta a la forma sino a su estructura. No se trata de deformar ni de exagerar nada, la coherencia formal es como la lógica racional a la que se le otorga la capacidad de la persuasión, de la estética y el gusto, un destello de imaginación cuando se presenta ingeniosamente. La forma arquitectónica es como la voz eufónica, una pantalla donde nos reflejamos y modulamos el espíritu, la caverna señorial en la que proyectamos nuestras luces y aquellas sombras menos decorosas que nos acompañan irremisiblemente. Y como toda estructura ha de soportar tensiones musculares por usar un símil corporal, y es que la acción conjunta y continuada de las líneas locales de tensión, permitirá adaptarse a las resistencias negativas a través del equilibrio de los puntos de comprensión internos, de tal manera que se minimizan los efectos sobre la comprensión principal. Trasladado a la configuración de una personalidad media, los mecanismos de defensa son necesarios para defenderse de los vaivenes del sistema social, y la mejor

---

(15* "La ciudad" de K. Franz Kafka". Praga Institut d' Edicions, Diputació de Barcelona. 1999. Pág178.)

nervioso y de los envites de carácter estructura entonces será la camaleónica, lo que explica que civilizaciones progresen a mayor ritmo y con menos gasto de energías. Por tanto, un sistema bien estructurado es capaz de soportar grandes presiones y transmitir fuerza a través de sus líneas de tensión hacia los puntos de compresión, propulsando eficazmente la aplicación de la fuerza, véase la coordinación de un deportista que concentra su potencial en el ritmo y el "timing", ejemplo paradigmático de una estructura dinámica. Otra cosa sería la estructura arquetípica y centralizada, el "axis mundi" platónico de la ciudad mítica "Magnesia", descrita en Las Leyes de Platón, proporcionada y geométrica, base del mundo material. Una estructura a la que habría que aplicarle la ley de Abogardo (16*) en un mundo universalizado y reiterativo, recurrente como el mandala arquetípico, donde el círculo aparece en la intersección del cuadrado y en la que como dijo Adolf Loos, solo se produce arquitectura cuando se es capaz de despertar estados anímicos, experiencias precisas del espíritu y cuando se dan la mano la forma y la memoria para apelar a valores trascendentales. El concepto de ciudad se fundamenta en el arquetipo universal, incorporando en su geografía su estructura, de tal manera que es la raíz, aquello que le da sentido y a lo que permanentemente se está refiriendo. La ciudad que partiendo del centro arquetípico se expande hasta llegar a los límites de sus posibilidades,

---

(16*) La ley de Abogadro dice que nada se crea, nada se destruye, todo se transforma).

estabilizándose entonces de una forma concreta. Geométricamente, el trazado más habitual para representar el cosmos es el que parte de un centro. Este espacio es entonces un espacio ordenado y ordenador, y el hombre es copartícipe en su estructura, siendo sus gestos y acción una actividad ritual, la que pone en sincronía ambos órdenes, el ciudadano terrestre con el ciudadano celeste, el yo individual con el Sí Mismo.

La palabra espacio arquitectónico es el escenario en el que han concurrido el hombre célula, primario y socializado, urbanizado y hasta el hombre-máquina y teniendo en cuenta que los medios de comunicación se multiplicarán y los servicios se extenderán a todas las áreas, nos vemos abocados a unas características de la vida urbana que dejará de ser patrimonio exclusivo de la ciudad, (17*) la ecumenópolis urbana (18*) .

Heidegger proponía un estudio sobre construir, habitar y pensar, al que hay que añadirle por pura síntesis localizadora al estudio del "ser" (19*). Pero comencemos por el aspecto de hábitat como ente

---

(17*)   Ekambi-Schmidt en "La percepción del hábitat", pág. 14.
(18*) Idem,..14: Más allá de la formación de la megalópolis, se prevée que la vida urbana tendrá un poder de atracción sin igual, que tanto las zonas muy pobladas como las de escasa población, estarán bajo control humano, bajo el aspecto cibernético como modo de vida).
(19 *) Idem... 18.

vivo, como un ser de carne y hueso (20*) como sujeto-objeto, y como imagen-objeto, una imagen de función técnica. El hombre contemporáneo ya tenía el sentido de precariedad en las cosas y sigue viendo amenazada su civilización, vive con la incertidumbre respecto al mañana. La velocidad hace de él un nuevo nómada de tal manera que en la actualidad el cambio es constante, rápido y profundo y las tradiciones no tienen el mismo carácter normativo. El individuo ha conquistado una libertad de expresión mucho más vasta y probablemente ha cambiado su percepción del entorno. El emplazamiento del hábitat cambia y aunque su distribución sea diferente, el hábitat se resitúa en un espacio análogo (21*). Heidegger recuerda que ser y habitar son etimológicamente el mismo verbo y que habitar quiere decir < estar sobre la tierra como mortal> (22 *). La libertad de hacer lo que se quiera es la forma de proyectarnos en un espacio delirante, (23*) donde oníricamente la libertad creadora y egocéntrica paradójicamente lo codifica de acuerdo a las convenciones sociales, en una explicación al modo poético de ese estar en la casa y de sernos preciosos.

(20 *) Idem….21.
(21*) Idem…23-25.
(22*) Idem….29.. Buan en alemán significa habitar, morar, residir. Bauen como forma moderna nos da entender cómo debemos concebir esa habitación, el ser de la habitación).
(23*) Idem…38.

55

Para Heidegger edificar es, en su ser, hacer habitar. Realizar el ser del edificar es construir lugares mediante el acoplamiento de sus espacios y solo podemos edificar cuando podemos habitar. (24*) Nuestro cuerpo es una estructura edificada y nuestra mente tiene el privilegio de edificarse a través de sus vivencias en ese espacio personalizado y poseído, donde la horizontalidad obedece a la funcionalidad de los objetos a diferencia de lo vertical que siendo funcional es más psicológica en la rectitud de líneas y ángulos hay un elemento que inspira seguridad en quien los percibe, así como las curvas y las formas bulbosas inspiran inseguridad. Esta misma disposición clásica del ideal de orden, claridad y mesura va unida a la ley de no obstrucción, que nos condiciona a no tener nada delante que impida el libre acceso a las dependencias y aumenta las posibilidades de distribución (25*).

La mente receptora de estas mismas premisas nos cualifica como personas delineadoras de nuestra personalidad, ordenada o confusa, clásica o reaccionaria, lo que no quita que desde la estabilidad se proyecte poliédricamente en sus experiencias vitales, al fin y al cabo eso le permite mayor conocimiento de su espacialidad y de sí mismo. Como dice Heidegger, si no partimos

---

(24*)   Idem....41.
(25* Idem...50).

de los objetos sino del ocupante de la vivienda, el entorno tenderá a poner de relieve la personalidad de este último, en una búsqueda de armonía entre el entorno y el ocupante más ética que estética (26*). Así en el existir del ser, por mucho que disfracemos de oropeles la verdadera estructura y las formas que nos envuelven, se nos dilucidará la permanente necesidad moral respecto a nuestra identidad. Chermayeff y Alexander, en la obra que dedican a los dos términos extremos de una misma escala "Community and Privacy", (27*) afirman que la transformación que estamos atravesando implica la destrucción del antiguo modo de vida y de su carácter humano a la medida del hombre. En particular la privacidad con sus elementos estructurales de soledad, reflexión, contemplación y concentración y por tanto, conocimiento de sí, están en crisis ante el abismo tecnológico que amenaza con revolucionarlo prácticamente todo y por ende los hábitos de vida. Si antes el individuo se protegía del vecino y de los programas de radio o televisión que elegían los otros miembros de la familia o la comunidad, ahora habrá de defenderse del bombardeo sistemático de los modelos y diseños de última generación que van saliendo al mercado y que marcan la norma social de manera cuasi dictatorial y absolutamente discriminatoria, provocando actuaciones de

---

(26*) Idem....53.
(27*) Idem...71.

verdadera marginalidad entre las personas del mismo grupo, hasta una cultura inhumana y técnicamente depredadora.

Existen necesidades que para ser satisfechas, adquieren una forma sujeta a los instintos del alma humana, instintos que a la larga se convierten en reglas por su propio espíritu conservacionista. Al igual que los signos y la palabra pueden expresar todo tipo de sentimientos de su ánimo, el arte y la arquitectura como pensaba Viollet-le-Duc, sirve para definirnos, el espacio de la cabaña (28*) que cumple la necesidad material de satisfacernos tiene diferentes direcciones como la libertad, pero con un único sentido. Las artes pueden estar muy desarrolladas y perfeccionadas en una civilización muy imperfecta, y es que el sentimiento del gusto es un razonamiento involuntario del que se nos escapan los términos. Cultivar el gusto no es más que acostumbrarse a lo bello y a lo bueno, hay que saberlo encontrar y escoger, y para esta elección llamamos en ayuda a nuestra facultad de razonar. Sentimiento como razonamiento inconsciente y belleza como la manera eficiente de satisfacer una necesidad. El gusto también podemos entenderlo como esencia de libertad, como la facultad de cambiarlo todo y cuestionarlo sin tabúes, en definitiva como una arquitectura cerebral estructurada con percepciones cualitativas y estimulantes.

28*) Renato de Fusco en "la idea de arquitectura: Historia crítica desde Viollet-le-Duc a Pérsico", pág.16-17.

Viollet-le-Duc introdujo el dinamismo de la materia con un simple cambio de materiales con la intención de ligar la belleza con la técnica, como podríamos cambiar la visión antropológica de nuestra circunstancia con unas actitudes homónimas y matemáticamente creativas, ya que la paradoja y la antilogía son consustanciales a la capacidad analítica de la mente. Hendrik Petrus Berlage habla del arquitecto modernista, no como teórico sino esencialmente como un arquitecto realizador. (29*) Y es que al margen de la determinación formal y de los individualismos, los futuristas ya vaticinaban la casa como una inmensa máquina, la civilización mecánica, como una ciudad de ciencia ficción, se establecía ex novo (30*) a través de una iconografía nacida del presente y cargada de los signos más fecundos que fuesen comprensibles para todos, sin duda ante una visión internacionalista y pre-globalizadora.

Al pasar de lo local a lo universal y de la ciencia empírica al cálculo especulativo, otro arquitecto reputado como era Le Corbusier pretendió abolir las medidas de tipo humano por una abstracción y una entidad simbólica geométrica, la unidad general del metro,

---

(29*) Idem…Renato de Fusco: Ningún artista ha podido aprender de los libros cómo debe crear sus obras… sino con sus obras han enseñado mucho más que todos los filósofos, y nos enseñan dándonos la verdad, la esencia de la arquitectura.<pág. 25>.

(30*) Idem…Nosotros hemos de inventar y fabricar ex novo la ciudad futurista parecida a un inmensa cantera tumultuosa, ágil, móvil, dinámica en cada una de sus partes y la casa como una inmensa máquina. < pág. 193>.

como hoy sería el "bit" en los programas de diseño computerizado. Siempre se ha necesitado un canon para todo, pero no hay que confundirlo con un paradigma. El mundo nunca cesa de girar y de cambiar inexorablemente y es que el gusto lo moldea el contexto más que la genética o en todo caso la genética social. El gusto, si bien en cierto grado depende de cada cual, también está regido por un paradigma de "belleza normal" que entra en crisis cuando con ese paradigma ya muchos temas quedan sin resolverse, el paradigma entra en crisis hasta que se instala un nuevo paradigma, algo que asume la cibernética sin ningún complejo y el ciudadano de a pié en el siglo XXI.

Hoy ya no sirve ninguna categoría normalizada para el gusto, Le Corbusier en su afán de trascendencia egocéntrica decía que los dioses actúan detrás de los muros a través de los números (31*) y es en ese plano donde el hombre ocupa un espacio mediante el movimiento de sus miembros. El 113 es su número clave, un modulor estructural del espacio indecible con el que tomar posesión del espacio en el primer acto porque consideraba que lo primero en la existencia era ocupar es espacio personal; pero reducirlo a número no ha sido una idea esencial al no ser

---

(31*) Le Corbusier "Modulor 2": Habíase entreabierto la puerta, se vio actuar a los dioses; se hipotesizó y se tuvo la suerte de dar con un número favorable .<pág. 17>.

perpetuable en este ambiente científico de la era moderna, donde todo queda obsoleto en el primer análisis veraz. En cambio su emoción estética es una emoción espacial en la que la acción a través de la intuición es un ejercicio beauvoireano digno del espíritu creativo e insatisfecho, como se definía a sí mismo: Soy un hombre de espacio, no sólo mental sino físicamente (32*). Ensayos sobre una medida armónica a la escala humana, como lo pretendía ser el modulor, aplicable a la Arquitectura y a la Mecánica no son aplicables en cambio, a la filosofía del cibernauta actual por alejarse de su esencia individual justamente al pretender universalizarla, y no lo es tampoco porque la inteligencia emocional surge de la interacción con los demás, por no decir que después de todo había una razón de pura economía de rentabilidad (33*) para defender esta proporción interesada e imposible de realizar al no poder diseñar el espacio de acuerdo a las características de cada ciudadano.

El mundo de la experiencia doméstica es tan reducido frente al universo, los datos de los sentidos son tan engañosos, los reflejos condicionados son tan poco proféticos, que el mejor método para averiguar nuevas verdades o proporciones válidas, es asegurar lo contrario de lo que aconseja el sentido común. Además como dice Russell, "la verdad acerca de los objetos físicos *debe* ser extraña.

(32*) L.C. "Modulor 2"…pág. 26).
(33*) Idem…: El modulor uniendo al metro y al pie-pulgada, permite la prefabricación de los elementos de construcción a un precio relativamente bajo…pág. 116)

Mientras tanto habrá que congratularse con una cibernauta que imaginó un día hacer del mundo su hogar, aunque estuviera en la ciudad más lejana tan solo se sentía como en casa. Ese captar la realidad atómicamente es la esencia beauvoireana del mundo, el instante mismo en esta carrera a la que llamamos vida, a ver la belleza de lo cotidiano y ser estructura portante y portadora al mismo tiempo.

6.4.- LA CIUDAD COMO PARANINFO O PARCELA DE LIBERTAD

Los filósofos han "pensado" la Ciudad; han llevado al lenguaje y al concepto la vida urbana en un marco globalizador de relaciones resultantes de un sinocismo urbano (34*). La ciudad vincula sus elementos asociados a la forma de la propiedad comunal ("propiedad privada común", o "apropiación privativa") de los ciudadanos activos, que se oponen a los esclavos y es en la ciudad donde mejor se ha ejercido la libertad, donde se han satisfecho mejor las necesidades humanas por ese mismo efecto multiplicador de sinergias comunitarias. Ciudades como subsistemas que con la globalización se convierten en ecosistemas, llegando a determinar

---

(34*) <Definición de Henry Lefebvre en su artículo: La filosofía y la ciudad del libro *"El derecho a la ciudad,> (Ed. Península, Barcelona 1973.* www.revistacontratiempo.com.ar/lefebvre.htm".

la naturaleza del sujeto, de su comportamiento y sus capacidades socializadoras, dejando tan solo un espacio de independencia para la creatividad y la reacción soberana.

La ciudad tiene peso y es un todo mismo: mi vivienda, la mirada a la calle, el espacio público y sus equipamientos, el edificio público, el supermercado y el área de servicios, el barrio y el itinerario, el nudo y la periferia. Una familia que consta de muchas familias, desde la casa, la escuela y el trabajo, como una cadena reticular que conecta lo profundo con la superficie y que Julio Alguacil lo define como el espacio público que conecta interiores de naturaleza diversa, el nexo capaz de estructurar encrucijada y camino, de ser al mismo tiempo nudo de la red y los vínculos de la red. Por tanto, la participación de los sujetos en la satisfacción de las necesidades es algo que le capacita para adquirir derechos de ciudadanía. Aunque dicho así, suena a feudalismo en términos de urbanidad, la que aspira por necesidad tanta población emigrante que piensa ingenuamente que con el desarraigo familiar y geográfico van a vivir el mito del "dorado", sin tener presente esas condiciones de desigualdad social que les van a deshumanizar aun más si cabe, pero que con todo derecho merecen en su intento.

-- El escenario heredado de las Olimpiadas clásicas como evento cultural de civilizaciones se ha instruido políticamente sin parangón a través de un mecanismo publicitario donde se conjuga la estética, la ciencia y la tecnología en un alarde universalista con unos dividendos sugerentes que han terminado por ser determinantes y llegar a la disputa maquiavélica del amiguismo internacional. En principio, el paso de las Exposiciones Universales se hace notar por cierta actualización de la inteligencia local con el objeto de adaptación a las demandas urbanísticas de la ciudad. Este sin duda el gran recto que afrontan las metrópolis modernas seducidas por la oportunidad de acoger uno de estos grandes eventos globales. Para el arquitecto y profesor Javier Monclús, autor de: *Exposiciones Internacionales y Urbanismo*, "la utilización de grandes eventos asociados a proyectos estratégicos se ha convertido en un factor fundamental en la reciente reconversión de las formas de intervención urbanísticas", el análisis del impacto de estas intervenciones "constituye una interesante área de investigación y un laboratorio especial. Sobre todo si se entienden como *nodos socio temporales*". Pero no aquellos esencialmente vinculados al espíritu efímero de las "expos", sino "como agentes de cambio o como estrategias conscientes dirigidas a transformar las ciudades anfitrionas". Si las exposiciones de principios del siglo XX ya significan algo más que una simple posibilidad de incrementar el patrimonio de parques y jardines de las ciudades, el grupo de exposiciones de la Era de la Modernidad, durante los 60 años posteriores a la crisis del 1929, apunta hacia un cambio de óptica urbanística significativamente relacionado con el desarrollo de las comunicaciones. El último grupo de exposiciones serían las exposiciones universales, las de la era de la globalización y de la posmodernidad, caracterizadas a grandes trazos por la Economía Cultural y el Urbanismo Estratégico. Aquí encontramos el intento de París 1989, las exposición de Sevilla 1992, Lisboa 98 y Hannover 2000, pero también algunos otros eventos como la *Millenium Exhibition de Londres* en 2000 y el *Forum* de Barcelona 2004. Marketing urbano y desarrollo de proyectos urbanísticos se unen para da fuerza al que Monclús entiende como una creciente tematización, que privilegia y recupera aspectos formales cada vez más ligados a imágenes urbanas espectaculares. Es una gestión urbana que se ha convertido en una gestión empresarial, despojando de su raíz a la esencia de la ciudad, de su modus vivendi, su carácter de habitabilidad y de parecer un espacio cultural. Sí es cierto que se dota de un Plan Director que permite el necesario desarrollo fragmentado de las piezas del puzzle urbanístico manteniendo una visión global mediante los proyectos arquitectónicos, paisajísticos o de infraestructuras que se van desarrollando simultáneamente y con lógicas propias". En síntesis, podemos hablar de un *nuevo urbanismo* que busca para los espacios públicos un valor más cualitativo que cuantitativo, donde la ciudad como el espacio, y tiempo de lo posible es un Cronotopo de lo potencial. (35*) La imagen espacial tiene sentido social siempre y

---

(35*)   Las imágenes digitales espacio-temporales se construyen como representaciones (o acontecimientos) incorporadas a escenarios espaciales y a contextos temporales en virtud de los cuales, como apunta Abril, adquieren sentidos particulares. Esos escenarios espacio-temporales o **cronotopos**, expresión utilizada por M. Bajtin, expresan la existencia de matrices culturales heterogéneas y complementarias (pre-modernidad, modernidad, posmodernidad.

cuando se inserte en el marco de una matriz cultural en términos de algún cronotopo, su reconocimiento y sentido dependen de que sea inscrita temporalmente en la sucesión lineal de una historia y una cultura; la ciudad se convierte en una matriz espacial "móvil" proyectada a través de redes sociales como el último gran escaparate donde cabe todo y se renueva por sí misma, en tiempo real y donde la realidad es el momento.

--Una división aceptada de ciudadanía lo resumen los tres paradigmas urbanos:

a) la ciudad pública del mundo clásico, la *civitas* romana, (36*) a la ciudad por antonomasia, extendida en el tiempo por Occidente y la modernidad.

b) la ciudad doméstica y campestre de la civilización nórdica transformada tecnológicamente.

c) la ciudad privada y religiosa del Islam" consagrada en su iconoclastia secular de ambiente cerrado, interno y costumbrista de mirar hacia dentro.

Una trilogía que puede desaparecer conceptualmente con la globalización en apenas unas décadas de cambios irrefrenables y

(36*) Con la palabra" *civitas*" designaban los romanos al conjunto de ciudadanos que constituían la ciudad.

que van a generalizar una manera de vivir la cotidianidad bajo el estandarte de la tecnología y el poder de la información, dos armas disuasorias que han revolucionado cualquier frontera física conocida y que permite visualizar un futuro digitalizado, numérico y frío, pero extenso y abierto a la expresión transformadora, que sin ser amenazante siempre podrá contrastarse con la experiencia. La ciudad como cuadrícula permitirá estar interconectados e interactivos en tiempo presente en un reino digital sin jerarquías y sin patentes, permitiendo que el motivo sociológico del conocimiento sea por fin compartido libremente y enriquecido desde la base, sin escalas y con espacialidad infinita, porque la mente no encuentra límites en su configuración orgánica y ante todo es proyecto, plan de vida y propósito vital permanente. Se podría decir que por fin la filosofía se ha descubierto a sí misma con la caída de todos los muros, y la ciencia tendrá que dejar de ponerse brodequines intelectuales para reencontrarse con la causa, cambiando la locución por la operatividad, así como el adolescente se amolda a la euritmia de los hechos.

-- La complejidad lleva al anonimato y a la individualidad, una meta esperada en la evolución de la persona como librepensadora y una consecuencia de la totalidad por contraste o como reacción a la sobre-socialización o podemos intuir incluso, la mega-socialización que llegará a producir hastío de género y de etiquetas sociales, sumado a la necesidad de afecto que se percibe a través de la red social y que curiosamente es inversamente proporcional a la necesidad de libertad que había en la sociedad analógica, una curiosa dicotomía para el debate diligente en la ecumenóplis del futuro próximo. Cabría plantearse si el rápido crecimiento de las ciudades en el siglo XXI en detrimento de otras, son realmente un problema urbano como dice el informe mundial sobre asentamientos humanos del 2009, ya que la expansión no controlada ha existido siempre y no ha necesitado de ninguna planificación coyuntural ni nadie que cambiara el devenir de las sinergias contemporáneas. El clima es autosuficiente como para que unos cuantos rascacielos y unos apartamentos marítimos revolucionen una atmósfera infinitamente más amplia y abierta que este tipo de elucubraciones ecológicas.

--Si para los filósofos, el hecho urbano es como "espíritu" y como "impulso vital, la ciudad soñada (37*) del Milenarismo viene preñada sin desearlo de mensajes violentos y de una vida hedonista en los medios de comunicación y la difusión de contravalores que desvirtúan los paradigmas que tratan de inculcar los sistemas educativos. Antonio Marqués y Espejo en su ciudad soñada de Selenópolis con toda razón dice: No encontramos razones para la existencia propia, no encontramos fundamento para nosotros mismos si no es recogiéndolo del exterior. Acusa a los individuos de pasivos, carentes de trascendencia y desechando los valores antiguos, porque se embarcan en la supresión de la angustia mediante el hedonismo más atroz, en vez de erigirse como creadores de una nueva moralidad y de buscar un nuevo fundamento para su existencia. Esta es la cultura de la inmediatez, de la apariencia y de la dependencia a grupos y roles sociales tribales, donde se exige calidad de vida, no medida en términos de felicidad, sino de poder adquisitivo y de longevidad. Aunque parezca insólito es la propia sociedad, la misma que se encuentra descontenta, la que pone todos los medios posibles para que no cambie este tipo de pensamiento.

Nuestra salvación es la utopía, (38*) frente a la instrumentalización alienante del hábitat, y es que, en ningún momento en el camino del aprendizaje, se han planteado una educación para la elección. Desterrando la filosofía, evitamos conocer pensamientos y formas de pensar diferentes a las actuales. Desterrando las artes, evitamos fomentar unos valores no centrados en lo físico, sino en lo sensible, no damos valor a lo intangible, no damos a conocer el placer de lo exquisito. Pero es humano y forma parte de la libertad que no se corresponda la elección con la convicción. ¿En qué estado de los de la vida no se siente el hombre inclinado algunas veces a envidiar

---

(38*) Luis Gómez en el Prólogo del viaje de un filósofo a Selenópolis, corte desconocida de los habitantes de la tierra.

una felicidad exenta de los males a que suelen exponernos los extravíos de la razón?. Nadie es dichoso o infeliz sino mientras cree serlo y no cesa el delirio (39*). Por lo regular, quitando la libertad a los que tienen el espíritu desconcertado se les vuelve furiosos; al contrario, dejándoles en sociedad lograría de las ventajas de la locura, (40*) un remanso de serenidad fortuita.

La urbanidad descansa sobre el encuentro de las diferencias. Por una parte, el derecho a la ciudad es tan global que no puede reducirse a un catálogo de derechos concretos y aplicables, ni siquiera exclusivos. Por otra parte, la imprecisión del derecho a la ciudad permite a diversos movimientos sociales apropiárselo y juntarse bajo la misma bandera. Fernando Purcell defiende la importancia de esta capacidad a la agrupación táctica. Afirma la incapacidad de una clase social capaz de derribar, por sí sola, el orden social, así como tampoco puede imponerla en este mundo globalizado. Los militantes de la participación luchan por la democracia en estos tiempos bajo formas potencialmente en conflicto, entre institución y autogestión, de lo global a lo local y es que una confrontación de los problemas locales procurará construir las necesarias respuestas colectivas. El fenómeno urbano puede ser

---

(39*) Prosigue con la relación de las costumbres y opiniones de los Selenitas. pág 56.
(40*) Idem... Pág.56.

---

considerado como el escenario del "drama social", (41*) mientras que *el* espacio urbano era el "escenario del poder" para las clases medias (burguesía), para las clases populares era un "espacio ritual". Tanto en la fiesta como en la revuelta la calle es protagonista, una calle abierta, interclasista en cierto modo, ambigua y cruda. De manera que todo el que se oponga a la ciudad-máquina tiene un lugar en la conquista popular de la ciudad. Y como hemos nacido para opositar, me auto declaro: Yo pude ser ciudad el día que miré sus luces en el horizonte de sus reflejos vespertinos, Beauvoireana en todo caso de efectos no encontrados, buscando lo imaginario (42*).

6.5.- EL PAISAJE BEAUVOIREANO

El elemento primordial del paisajista es la suavidad de los pasajes de tono a tono, debido a que el paisaje no es solo una sucesión de árboles, casas o terrenos, sino una representación de la realidad y por lo tanto debe tener la atmósfera que rodea cada forma diluyéndola (43*).

(41*) Cita de Juanjo Romero Marín en su resumen de *La dramaturgia social. Dios y fuego en la Barcelona del siglo XIX)*.
(42*) Estrofa autobiográfica de un ensayo del autor de este trabajo de investigación que forma parte de una trilogía de verso libre: "Arcano sobre cilicio".
(43*) Zygmunt Kowalski: "El paisaje"Alumnas: Duthil, Marina Ester , Martínez, Ana Corina.Tecnicatura en Artes Visuales. 2.003, pág.12.

Siempre habrá dos maneras diferentes de ver el mismo paisaje con igualdad de condiciones, lo clásico y lo revulsivo, un inicio y un paso adelante. Hasta ahora se ha dividido el espectro estilístico en dos visiones estéticas principales: (44*)

Oriente	Occidente
□□ Perspectiva Inversa	□□ Perspectiva frontal
□□ Formas cerradas.	□□ Formas abiertas.
□□ Caligrafía.	□□ Pincelada fundida.
□□ Sugiere poca profundidad.	□□ Espacio profundo.
□□ Composición estática.	□□ Composición dinámica.
□□ Formas planas.	□□ Formas volumétricas.

(44*) Idem...Cuadro de estilos académicos, pág.14.

--Tipos de paisajes culturales, según la Convención del Patrimonio Mundial de UNESCO:

- Paisaje claramente definido, creado y diseñado intencionadamente por el ser humano. Se trata de paisajes ajardinados y parques, construidos por razones estéticas que generalmente, aunque no siempre, se encuentran asociados a edificios religiosos o monumentos de otra índole.

- Paisaje evolucionado orgánicamente, debido a un imperativo inicial de carácter social, económico, administrativo y/o religioso, y que ha evolucionado hasta su forma actual como respuesta a la adecuación a su entorno natural. Este proceso se refleja de formas diferentes, por lo que se establecen dos subtipos:

*Paisaje <u>vestigio</u> (o fósil), es aquel en el que su proceso evolutivo concluyó en algún momento del pasado, pero sus rasgos característicos son todavía visibles materialmente.

*Paisaje <u>activo,</u> es el que conserva un papel social activo en la sociedad contemporánea asociado con el modo de vida tradicional, y cuyo proceso de evolución sigue activo.

Paisajes culturales asociativos son aquellos en los que existen poderosas asociaciones, religiosas, artísticas o culturales con el medio natural, en lugar de pruebas culturales materiales, que son inexistentes o poco significativas.

El paisaje urbano, donde el espacio está densamente ocupado por edificios de distintas alturas y calles de variada amplitud, está más transformado que el paisaje rural. Sin embargo, este último se está urbanizando con relativa rapidez en los países más desarrollados y está dejando de ser el "antagonista" del urbano. En realidad se está produciendo misma forma, después de todo es una cara más de la naturaleza y su geométrica retícula policromada, una simbiosis en todos los órdenes de la vida, que si no fuera porque es en tiempo presente, estaríamos hablando de una revolución en toda regla. Ya lo dijeron en la antigüedad, "lo que es arriba, es abajo", y como nada permanece en la misma forma, después de todo es una cara más de la naturaleza y su geométrica retícula policromada.

--La reurbanización del espacio público como atentado es la asignatura pendiente en la sociedad cibernética. Como parte del paisaje urbano, cualquier intervención aislada tiene implicaciones en el conjunto. No se puede pretender mejorar la calidad de vida de los ciudadanos a través de la creación de una imagen hostil, agresiva o disuasoria del uso. La conexión próxima (visual y emotiva) con el resto del espacio urbano debe mantenerse a salvo, pero teniendo en cuenta que el problema de las zonas urbanas es que centralizan el poder político y económico, el interés privado de estos grupos de poder es demasiado tentador y partidista, de tal

manera que su imagen pública se centra en proponer más servicios en menos espacio, más desarrollo económico y menos salubridad, más urbanidad y menos calidad de vida. Es una carrera y un desenfreno hacia la opulencia técnica en detrimento de la naturaleza inerme del equilibrio biológico. La FAO sigue denunciando el éxodo continuado de las zonas rurales a las ciudades en búsqueda de mejora en las condiciones de vida, pero unas veces se produce y en cambio en muchas otras, solo contribuye a multiplicar las bolsas de pobreza y de marginación que harán de la ciudad una nueva fortaleza de apariencia medieval, en torno al poder central y a la jerarquía comercial. Este reino paralelo a la lógica urbana, debería corregirse con la afamada globalización y reequilibrar de una vez por todas, los profundos desajustes demográficos en función de una estética comercial y un nuevo "humanismo tecnológico", no el despotismo tecnológico como el que se va asentando y genetizando con la intención de aniquilar cualquier otro tipo o sistema de vida analógico. Algo que debería preocupar y que como dice Sharon Murray, el medio ambiente también es la ciudad (45*).

(45*)   Arborización VS. Urbanización: Una batalla por el espacio público" Ponencia de Julieta García Vanegas. Universidad de Colombia.

Y si los árboles absorben el CO2, reteniendo el carbono en sus raíces y devolviendo aire purificado al ambiente, de tal manera que por cada acre (4.047 metros cuadrados) se produce oxígeno para 18 personas, ¿cómo es posible que se esquilmen los bosques con intereses privados y que en las ciudades se nos muestre el paradigma de los rascacielos como ejemplo de desarrollo y de triunfo?. Hay razones que no tienen razón de ser y lo triste del caso es que este modelismo cibernético de convivencia urbana amenaza con estandarizarse y con insultar a la belleza clásica de la horizontalidad y a la lógica funcional de la naturaleza, por no decir a la misma inteligencia.

Para congratularnos con sensibilidades críticas en la percepción de los posibles referentes paisajísticos, expongamos particularidades ambientales. La crisis del paisaje por ejemplo, no es más que uno de los síntomas de la crisis contemporánea que aqueja la relación entre sociedad y naturaleza. En este sentido, el aumento del interés del ciudadano por el paisaje, hay que incardinarlo en el avance general de la conciencia ambiental de movimientos ecologistas. El Convenio Europeo del Paisaje insta a las diferentes sociedades europeas a definir unos objetivos de calidad paisajística (46*) como el tipo de paisaje ideal para sus ciudadanos nos lleva a considerar los diez objetivos de calidad paisajística de Cataluña:

(46*) Quinta reunión de los Talleres para la aplicación del Convenio Europeo del Paisaje, organizada por el Consejo de Europa en Septiembre de 2006 en Girona, bajo el título "Los objetivos de calidad paisajística: de la teoría a la práctica.

1. Unos paisajes bien conservados, gestionados y ordenados, independientemente de su tipología (urbanos, periurbanos, rurales o naturales) y de su carácter.

2. Unos paisajes vivos y dinámicos -los existentes y los de nueva creación a través de la intervención- capaces de integrar las inevitables transformaciones territoriales sin perder su idiosincrasia.

3. Unos paisajes heterogéneos, que reflejen la rica diversidad paisajística de Cataluña y que se alejen de la homogenización.

4. Unos paisajes ordenados y armónicos, que eviten el desorden y la fragmentación.

5. Unos paisajes singulares, que se alejen de la banalización.

6. Unos paisajes que mantengan y potencien sus referentes y valores, tangibles e intangibles (ecológicos, históricos, estéticos, sociales, productivos, simbólicos y con identidad).

7. Unos paisajes siempre respetuosos con el legado del pasado.

8. Unos paisajes que transmitan tranquilidad, libres de elementos disonantes, de ruidos discordantes y de contaminación lumínica y olfativa.

9. Unos paisajes que puedan ser disfrutados sin poner en peligro su patrimonio y su idiosincrasia.

10. Unos paisajes que atengan a la diversidad social y contribuyan al bienestar individual y social de la población.

Para la mirada moderna, el paisaje es la expresión de un proceso y un orden que, además de natural e histórico, es un orden de valores, un orden estético y moral. Y ese orden atañe también al ámbito de las identidades, al universo de las cualidades y valores en las que se proyectan y se reconocen las sociedades. Se encuentran así conexiones y correspondencias entre los paisajes y los grupos humanos, con sus caracterizaciones colectivas y sus desenvolvimientos históricos y nacionales. El paisaje adquiere de ese modo un alto valor identitario, se hace expresión fidedigna de la identidad de quienes en él viven y actúan (47*). Y en referencia a la poesía paisajística de Antonio Machado, el paisaje lo considera como el rocío de la cultura que lo cubre. Vemos como sujeto y naturaleza, configuran el paisaje de la acción social y como las identidades surgen de los valores, el paisaje tiene entidad suficiente para que no se le imponga nada, para que el hombre no le dañe más como lo viene haciendo desde hace siglos. La ideologización del paisaje en cambio, contraviene la ley natural, merece su escala ajena a la práctica arquitectónica y asiste un duro revés al orden termodinámico del planeta.

(47*) "El paisaje: valores e identidades". Eduardo Martínez de Pisón Nicolás Ortega Cantero (Editores). Nota preliminar , pág.10.

--En una extensión multiforme no hace falta estar en un lugar elevado para contemplar un paisaje, ni percibir la homogeneidad de su trazado sin reparar en sus matices. Un lienzo por ejemplo, es toda la inmensidad en el blanco y su compleja fragmentación en la combinación de los colores. Si un paisaje es todo lo que vemos a nuestro alrededor desde un lugar determinado, al extraernos de nuestra centralidad nos hará percibir el paisaje como telón de fondo.

Ya en el Renacimiento, ciertos fragmentos del fondo se pueden apreciar como paisajes sacrificados al tema principal, pero conforman un todo perfecto ya que se bastan a si mismos. Una mente puede configurar diferentes personalidades al unísono, estimular tantas funciones como alcance y ser fiel a sí misma en cada una de sus contrariedades. Y es que en cada aportación individual se libera energía y se adquiere libertad, por cada esfuerzo enarbolamos información y depuramos fantasía.

El paisaje es "naturaleza salvaje" donde la persona se siente perdida, es "naturaleza dominada" cuando se le habita y diseña con la mente, pero el paisaje de "naturaleza colonizada" es una representación bochornosa de aquella que pasó de ser amenazante a ser amenazada y contaminada. Si en un paisaje aparecen elementos humanos, decimos que el paisaje está humanizado, si el hombre se aleja de sus instintos, podremos definirla como deshumanizada. Unamuno dictaba a La Tierra como hija del hombre y la naturaleza humanizada por el hombre que la habita y la trabaja. Los árboles son ya, como los animales domésticos, algo nuestro, obra nuestra. Y son, por ello, espejo de nuestra vida y de nuestro pensar". En el paisaje se lee, por tanto, una historia y así es posible en él una identificación social y cultural, además de la espiritual (48*). "Todos los hombres encuentran cierto atractivo en las ruinas. Este sentimiento nace de la fragilidad de nuestra naturaleza y de una secreta conformidad que se advierte entre los monumentos destruidos y la rapidez de nuestra existencia" (49*). ¿Por qué nos produce melancolía la planitud de un paisaje y la lejanía de un bosque perdido?. Jorge Guillén lo describe muy bien cuando escribe: "me despierto en mis palabras y por ellas estoy con mi paisaje" (50*) una visión intimista que contrastaría con otra Beavoireana: ¡Somos descriptivos y elementales en un escueto fondo dorado con apenas unos años sobre Gea, venidos de la nada para representar un paisaje narrativo en el que la luz es prestada y la atmósfera apenas imaginada! (51*).

A través de la sensibilidad el paisaje como tema central se acerca a la "Teoría de lo sublime" (52*) convirtiendo definitivamente al individuo en el valor primordial, porque "lo romántico" trataba de

---

(48*) "El paisaje: valores e identidades". Eduardo Martínez de Pisón Nicolás Ortega Cantero (Editores). pág. 31.
(49* Idem..pag.42).
(50*) Idem....pag. 44.
(51*) Estrofa existencialista del poema "Vacíos de varios vanos" del autor de este trabajo de investigación en homenaje a Simone de Beauvoir.
(52*) Edmund Burke "Teoría de lo sublime" en la que se propugnaba que la emoción del asombro es parte del espíritu autóctono.

arrancar al hombre de la realidad menos cercana, de su propia lejanía y de su nostalgia por la reintegración en la naturaleza. Se puede soñar todo tipo de imágenes similares y permanecer en eterno desacuerdo con el parecido, pero no se puede abstraer la inmundicia en un arca desmemoriada por mucho interés que intente difuminarle. Hay perspectivas que por mucho que se deformen, no se alejan del mismo punto de vista, por debajo o por encima de la línea de horizonte, donde proyectamos sobre sus caras el mismo deseo de objetivar lo subjetivo y de comprender lo inmediato. Como dos caras de la misma moneda, tanto en horizontal como en vertical, con ideas o sin ellas, la angustia literal ante el ocaso de los días y de las luces que nos alumbran el día, con frustración reiterada por no conseguir los fines y las metas, pero con infinita paciencia y el mismo ímpetu ante la profundidad de nuestras dudas.

--Muy por encima de cuestiones de género, Simone de Beauvoir, una mujer letrada con sentido del mundo tranqueado, se atrevía a defender la honorabilidad de la mácula urbana y a descender arbitrariamente a la división de los olvidados recoletos que definen medularmente un corazón metropolitano, una cara rutilante de la ciudad que no duerme, que se escribe a sí misma cada noche y en cada esquina chichirinada. Sin embargo a los doce años todavía veía "colores místicos" en el paisaje campestre, confiesa en *Memorias de*

---

una joven formal (53*) sin duda una visión crítica de una sensibilidad manifiesta y con auténtico rigor reaccionario, ya que el arte de la rebeldía jamás se ejerce destruyendo nada, sino ejerciendo la libertad de la imaginación con personalidad, anticipando la idea a la acción y la pregunta a las demandas. Pero en la adolescencia, perderá la fe ante la observación de las contradicciones del mundo y el descubrimiento de las debilidades humanas. En las citadas

Memorias de una joven formal, Beauvoir afirma que le atraía aquello que se le resistía. Esta voluntad de vencer resistencias, le hace preferir las rocas, la montaña, el agua turbulenta y el árbol entendido como duración y resistencia. Sin embargo en su tercera etapa, ya de madurez es la del culto a la obra humana cuando manifiesta: "siento mejor lo que ya me ha hecho sentir América: que no hay distancia entre el reino humano y el de la naturaleza, las colonias humanas han creado estos paisajes de piedra y de luz con manos animales, y el hombre conquista la tierra porque emana de ella" (54*). Beauvoir compartía con otros intelectuales vanguardistas de su época la pasión por las ciudades y, en ellas, por los bajos fondos, que le ofrecían una imagen vívida de la transgresión a las normas morales burguesas que tanto odiaba y de las que se había

---

(53*) S. de Beauvoir en *"Memorias de una joven formal"*1958, Paris, Gallimard, Folio, 191-192.

(54*) Idem... Folio, 191-192.

emancipado, oponiéndose a su familia y a su clase social. La prostitución y los ambientes de la droga le fascinaban, lo que no significaba que perteneciera a ningún grupo ni les imitara, cuestión que no sería juzgable por otra parte.

Beauvoir reconocerá una virtud a la educación cristiana que le dio su familia: pudo plantearse la igualdad entre los sexos gracias a la formación extremadamente religiosa de su infancia que le enseñó a pensarse a sí misma como un alma, es decir, como una entidad espiritual independiente del cuerpo (55*). Pasaría de una "visión selectiva inhumana" a una "visión exhaustiva de la grandeza humana", que subraya el horror contra los hombres y la injusticia social. Lo cual no contradice su placer por la contemplación y la ilusión de encontrarse con el objeto artístico, lo creativo que sale de la mano de la persona como la vida de la naturaleza, en el corazón de un universo artificial repleto de objetos hechos por el hombre. Para alcanzar la grandeza artística, es necesario, sostiene, "emerger en una soledad soberana", o sea, ser independiente, y eso por desgracia es demasiado poco común. De tal forma que su visión de la naturaleza externa está desprovisto de conciencias no humanas. Su anti-humanismo representa la conquista del ser humano en un marco de acción materialista.

(55*) Para un exhaustivo estudio del conjunto del pensamiento filosófico de Beauvoir T. López Pardina. (1998): *Simone de Beauvoir. Una filósofa del siglo XX*, Publicaciones de la Universidad de Cádiz.

Su sentido existencialista de la vida y el ansia crítica por entender el mundo le hace pendular constantemente de la profundidad a la superficie, de la miseria humana a la vanidad supina de la estulticia burguesa. Para ello no es necesario profesar ninguna consigna ni demostrar nada que no sea traducible ni troquelado, para vivir en libertad hay que mediar con el cabestro y la conciencia en igualdad de cavilaciones. Simone percibía la ambivalencia de la libertad cuando escribe: "El hombre busca en la mujer el otro como naturaleza y como su semejante", horrorizado por la gratuidad y la muerte, por la dependencia de haber sido engendrado, por ello quiere rebelarse contra su aspecto animal y su madre naturaleza que llama "La Nada", un caos del que todo ha nacido y al que todo volverá algún día (56*).

El límite del proyecto existencial ante la posibilidad de no esforzarse cuando podemos disfrutar sin hacer ningún esfuerzo, lo matiza al separar el hedonista que se limita a sus necesidades personales egoístamente de los que su espectro se extiende al mundo entero. Determina que lo que es propio es el proyecto, o sea su compromiso personal y en este no debe haber contenidos morales fijos, sino autonomía crítica como sujeto en acción en armonía con su época y por extensión, con su contexto, su propio paisaje de la vida.

(56*) Beauvoir, 1998. I, pág. 231-233.

Desde la reflexión existencial y la libertad de opinión, una buena descripción del sentido beauvoireano del mundo, sería el "grito capicúa" (57) de Roberto Juarroz, cuando cita: "No se trata de hablar, ni tampoco de callar; se trata de abrir algo entre la palabra y el silencio," que equivaldría al concepto de Simone cuando dice que la mujer no nace, se hace. Lo hace reclamando el derecho de poder construir su vida y realizar su existencia en libertad, sin determinismos establecidos por el "hombre artificial" o la cultura. Ya no sólo es la mujer la que necesita reivindicar su subjetividad, ahora es el reconocimiento de persona inalienable, el respeto y el derecho a existir como ser libre e inviolable, como ser humano; los hombres y mujeres son los que debemos de luchar contra el sistema opresor, alienante, sobre estructuras injustas que desvalorizan a los sujetos concretos dentro de una determinada cultura y convivencia. Entonces la libertad no se da en la naturaleza, sino que se le extirpa para liberar la libertad.

(57*) Reseñas. N° 28. Miscelánea. - Biblioteca Saavedra Fajardo.

6.6.- ASPECTOS REDUCTIVOS EN LA COMUNICACIÓN

La falta de participación limita el acceso a la comunicación, al conocimiento, a la conciencia y a los espacios públicos. Julio Alguacil en su planteamiento sociológico de reconquistar la ciudad para satisfacer las necesidades humanas, nos recuerda que la ausencia relacional restringe la seguridad personal, la libertad de expresión y el derecho a exigir la revisión de los parámetros preestablecidos.

Para el siglo XXI se producirá en este sentido, una diglosía sin bilingüismo, aunque de manera especial, porque un idioma será universal pero será para fines específicos, y el otro será el local. En el fondo todos sabrán dos idiomas pero solo ocuparemos uno espacialmente, con lo cual habría que pulir las capacidades de ambos en función del utilitarismo con respecto al universal y de carácter orgánico para el étnico y el autóctono. Una ciudad es el amalgama de lo particular y lo influyente, donde comulgan las más diversas divergencias de pensamiento y las más prácticas fórmulas de comunicación en un clima de participación y de libertad al mismo tiempo. En lo rural en cambio, la libertad es física y métrica, con menos obstáculos espaciales, pero su campo de acción es infinitamente más limitado que una gran ciudad, donde confluyen todas las posibilidades, desde la incomunicación y el anonimato voluntario a la conformación grupal de las diferentes asociaciones y grupos   afines   a   la   colectividad. Todos los elementos intervinientes en el proceso de la comunicación pueden sufrir obstrucciones o perturbaciones; anarquías, aleatorias e imprevisibles que entorpecen, incluso dificultan o pueden imposibilitar la comunicación. Estas barreras que impiden la comunicación pueden registrarse a nivel:

- Semántico. Si al hablar o escribir empleamos una palabra con una aceptación que no le corresponde, se produce una barrera semántica. Esto quiere decir: Cambio de significación. Así mismo, se dificulta la comunicación por una barrera semántica cuando no expresamos determinadamente en forma anfibológica. La anfibología nos remite a un doble sentido, a lo ambiguo, a la interpretación del discurso o palabra de múltiples maneras.

- <u>Físico</u>. Esta barrera se presenta cuando los medios utilizados para transportar el mensaje no permiten que este llegue nítidamente al receptor (incomunicación).
  El medio es el vehículo, instrumento o aparato que transmite la información, también se le denomina canal comunicacional.

- <u>Fisiológico</u>. Surgen cuando una de las personas que interviene en una comunicación interpersonal (conversación) presenta defectos orgánicos en la vista, en la audición o en la zona de articulación, lo que ocasiona interferencias en el acto comunicativo.

- <u>Sicológico.</u> Aceptamos las comunicaciones que se adaptan a nuestro esquema referencial.

  - Las dispersiones o barreras sobre la conducta humana, dejan entrever que el hombre vive dentro de un estado de desesperación creciente, debido a lo difícil que se hace en la actualidad la comunicación. Si por un lado, no podemos negar el progreso de los diferentes medios de comunicación, por otro, debemos aceptar la importancia del hombre para comunicarse y por consiguiente su grado de dificultad creciente en una sociedad cada vez más tecnificada.

Ortega y Gasset ya afirmaba que lo que nadie puede dudar es que la técnica se ha insertado en las condiciones ineludibles de la vida de suerte que aunque quisiera, la persona no podría vivir sin ella. ¿Realmente somos tan vulnerables a lo próximo, a la norma y a lo conocido?. Y ¿Lo novedoso es irresistible?. Ortega proponía la reinserción de la normativa clásica dentro del "novum ordo" (58*), que se sirva del conocimiento de la tecnología, pero con sentido vernáculo contra la amenaza de acabar con el concepto de civilización. Hay muchas personas dependientes de las nuevas tecnologías que lo pasan mal si tienen que estar un día sin teléfono móvil o un fin de semana entero sin conectarse a internet. Para otras, estar conectado es tan importante que no recibir mensajes, noticias o no tener contacto con los demás supone un gran problema, acompañado de sentimientos de irritabilidad o depresión.

(58*) Ortega aboga por conservar los valores culturales en consonancia con el desarrollo tecnológico en pro de la ciencia y el conocimiento.

Los "inmigrantes digitales" (59*) quizás sean los únicos que están libres de esta arrolladora máquina cibernética, aunque no se libran de otras dependencias anteriores que han existido siempre y que han permitido clasificarles en función de su grado de dependencia, unas veces normalizadas y otras veces más censurables o prohibitivas. Lo cierto es que la inseguridad es propia del ser humano y este tipo de flaquezas convertidas en refuerzos, le van permitiendo el enfrentarse a su cotidianidad y su flaqueza de espíritu. Por tanto, no hay que alarmarse por una simple novedad o una moda social y tecnológica, porque tan solo es una herramienta en manos de personas con más o menos poder de decisión, eso no es problema de la tecnología.

¿Realmente puede ser casi una enfermedad tanto estar muy enganchado a las nuevas tecnologías como sentirse incapaz de subirse al carro de esta evolución?. Estrictamente sólo se debería hablar de enfermedad en el caso de las tecno-adicciones, cuando se trata de ludópatas o de jóvenes que juegan todo el día en la red, desatendiendo sus obligaciones escolares y familiares o dejando a un lado a sus amigos de carne y hueso de toda la vida. Un uso excesivo del móvil o de las redes sociales podría considerarse

---

(59*) Concepto que define a quienes han nacido antes de la era digital y se ven obligados a introducirse en esta tecnología.

patológico. En estos casos estamos hablando de trastornos psicológicos que merecen la atención profesional.

Un caso distinto, pero también preocupante es el de las personas que no pueden desconectar, en las que el trabajo invade su tiempo de ocio y descanso. En estos casos el estrés tecnológico se puede sumar al estrés laboral e impedir a la persona desconectar y descansar. Por otra parte, quienes rechazan las nuevas tecnologías corren el riesgo de quedarse aislados y de perderse muchas cosas buenas que trae la red. uien no se adapte necesitará de ayuda casi continua (60*). Tras considerar las pautas de conducta irreversibles habría que tener en cuenta algunas excepciones o simplemente, otra manera de entender la modernidad, ya que la tecnología no entiende de tipos de ambientes o contextos, de ciudades o pedanías, ni siquiera de nacionalidades.

--En el estudio dirigido por el psicólogo Marc Berman, se reclutó a decenas de personas que fueron sometidas a pruebas diseñadas para medir la capacidad de su memoria de trabajo y su capacidad para ejercer control sobre su atención y una serie de recientes estudios psicológicos, como el publicado a finales de 2008 por la

---

(60*) Respuesta de José María Martínez Selva. Catedrático de Psicobiología en la Universidad de Murcia y autor de "Tecno-estrés", en la revista: Información.es, 19 de junio de 2011, artículo "No se podrá vivir sin las nuevas tecnologías".

revista *Psychological Science* por parte de un equipo de investigadores de la Universidad de Míchigan, sugiere que, después de pasar un tiempo en un entorno rural tranquilo, próximos a la naturaleza, las personas mejoran su grado de atención, su memoria y su cognición. Y es que según parece, un cerebro más relajado, que no está a merced de continuos bombardeos de estímulos externos, funciona mejor.

La sobrecarga de información que sufrimos en las grandes ciudades funde nuestros plomos. De ser así, la globalización aportará otro problema más si pensamos en negativo, pero ¡y si en realidad permite equilibrar la balanza, puesto que internet llega a todas partes y que la velocidad, el ruido y las costumbres urbanas son cada vez más imitadas en el mundo rural, en ese espacio horizontal que se va transformando más rápido que ninguno!. Sergio Parra nos muestra las conclusiones del estudio en el que se determina: "En síntesis, las interacciones simples y breves con la naturaleza pueden producir un marcado aumento del control cognitivo". Pasar tiempo en el mundo natural o lo que entendemos por tal, parece ser de "vital importancia" para "afectar al funcionamiento cognitivo" (61*). La desinformación que se puede producir en un mundo sobre informado como está ocurriendo en las grandes ciudades, es altamente recurrente y principalmente se sirve de diversos

----
(61*) www.meneame.net/story/campo-aumenta-nuestra-inteligencia-ciudad-no.

procedimientos retóricos como la demonización o información deficitaria, el oscurecimiento intencionado, un absurdo esoterismo, la presuposición no objetiva, el uso indiscriminado de falacias como la mentira, la omisión, analogías incoherentes o incluso metáforas disparatadas a base de eufemismos y la desorganización del contenido en general. Y es que tras la caída del "socialismo real" y la supremacía de la globalización como forma de organización socio económica, hace varias décadas los paradigmas clásicos de las ciencias de la comunicación entraron en crisis, ya que la tradicional visión instrumental y pragmática que se le había otorgado a los medios de comunicación masiva impidió observar en plenitud la multiplicidad y riqueza del proceso comunicativo.

Al llegar a la era del ciberespacio la comunicación es ante todo relacional, según Joaquín Mª Aguirre Romero porque ya no se vive aislado sino en el más puro intercambio de pareceres o de información, donde espacio y medio se funden a una velocidad instantánea. La idea misma de "realidad virtual" es en sí misma paradójica porque cada uno de los dos términos parecen apuntar en direcciones lógicas contrarias. Pero así es el género humano, contradictorio y dinámico, a veces frió y muchas otras visceral y sensitivo. De todas las características que el doctor Aguirre define sobre la uniformidad del ciberespacio, preocupa sobre todo la función de los medios de comunicación, de estimular el consumo proponiendo modelos de comportamiento y que la dimensión de "ciudadano" ha sido sustituida por el de "consumista". Esta

carencia de libertad y autoridad tiene una causa económica y una negligencia moral, y es que por mucho que nos beneficiemos del devenir consumista que facilita la competitividad y su progresivo perfeccionamiento en los aparatos técnicos, es inquietante que teniendo la facultad de conocer tanto en tan poco espacio, se pierda la opción de decisión al ser arrollados por la novedad incuestionable de unos modelos ya elegidos de antemano, que para colmo vienen con fecha de caducidad antes de adquirirlos, una señal evidente de la falta de ética y de calidad del producto. Una razón para la rebeldía y para la exigencia, para no caer en esas redes mercantiles porque las redes sociales, que se sustentan en origen en la comunicación y el intercambio de información, deben basarse en la expansión del conocimiento, no en las cifras macroeconómicas y en los beneficios numéricos. Pero lo que no se puede tolerar es retroceder en libertad ni dejar de ser ciudadanos con derecho a un espacio propio. Cuando hay foros de opinión tan divergentes y contrastantes al alcance del momento, es un disparate que disminuya el poder de decisión y la capacidad de gobernar nuestro propio medio, ni que se derive en la desinformación o la confusión, porque con la lógica y el razonamiento se llega al acierto y a la sensatez. Como bien remarca Aguirre Romero, la información genera información al multiplicar las posibilidades de combinación en términos relativos y de posibilidades de interacción. En la ciudad futura la identidad estará dada por el sentido y la activación de

nuevas fórmulas de relaciones interpersonales. Como decía Martín Barbero, la comunicación dejó de ser cosa de los medios para convertirse en cuestión de mediaciones. ¿Esto significa que no había un entendimiento entre las partes?, quizás ante tanta información lo que sucede es que se difumina la comunicación y lo que surge son desviaciones significativas, interpretaciones sesgadas o lenguajes indescifrables para el conjunto, por lo que se entendería el triunfo del individualismo, que ha existido siempre, pero ahora tan solo es reconocido. Al hacerse público este individualismo, la comunicología según Marta Rizo García, se produce ante todo como una relación interpersonal y como base incluso de la sociedad, José Galindo cataloga el acto comunicativo como un estilo de vida, una cosmovisión y el corazón de la sociabilidad. Entonces la clave será "el diálogo", porque para qué necesito expandir mi pequeño micro mundo y mi cosmovisión si no tengo una respuesta o un efecto. Mejor aún si es recíproco, si hay contraste y contraposición, si existen unos códigos comunes para establecer combinaciones, para contener lo culturológico y sus mediaciones, es decir, que el lenguaje solo puede evidenciarse desde la lógica para que exista correspondencia, para que exista en definitiva una comunicación real.

6.7.- ONTOLOGÍA DE LA PEQUEÑEZ

La categoría "el otro", procedente de la Fenomenología del Espíritu de Hegel, es esencial en Beauvoir, que lo plantea esquemáticamente así: <cualquier grupo humano es, para cualquier otro que lo mira desde la posición de sujeto, "el otro">. Al margen de la lucha de géneros, que se debería haber resuelto en el origen de los tiempos, simplemente eliminado la lucha; y desoyendo la negligencia de Butler al parecerle paradójica la elección de género, que sin duda no se cuestiona el suyo, pero quizás debería hacerlo cuando se pregunta ¿qué sentido tendría elegir lo que ya somos?, pues una cosa es serlo y otra es parecerlo. Sin ánimo de defender ninguno formalmente, sino desde el ángulo del otro; lo que importa es lo que necesitamos ser, algo que no entiende de diferencias ni de apariencias externas. Sartre era contundente en su Saint-Genet cuando dice: "libertad es lo que hacemos de lo que han hecho de nosotros". ¡Qué menos que superar este anacronismo en una cultura sin fronteras como la actual!, como matiza Simone de Beauvoir: en primer lugar, que exista lo genéricamente humano, es decir, la afirmación de que existen, o, mas bien, deberían existir, amplias zonas neutras en la vida humana en las que la diferencia sexual no debería ser considerada pertinente (62*).

(62*) Celia Amorós. "S. de Bauvoir: entre la vindicación y la crítica al Androcentrismo", pag..23.

--En todo caso y en un alarde de soberanía emocional nos preguntaremos cómo trascender la tridimensionalidad para acceder a una nueva dimensión desde nuestra propia espacialidad, sin recurrir a ungüentos tribales ni a técnicas de somatización como el rebirthing o la purificación espiritual, porque bastaría una mente limpia y abierta para empatizar con el hábitat y empezar a conocerse a sí mismo. Particularmente imagino mi libertad como Sísifo, condenado a subir eternamente su piedra, porque como dice la leyenda, estamos condenados ala libertad de construirnos a nosotros mismos a cada instante. Para Sartre y Lavelle, la existencia precede a la esencia, y la hace posible, ya que si no existo no puedo conquistar mi esencia ni dármela a través de actos absolutamente dependientes de mí. Libertad es existencia en la medida de mi consciencia porque si no siento, ¿para qué pienso?. El otro puede pensarme como quiera, anulando mi libertad de ser, pues nada impide que un sujeto sea objeto de pensamiento, pero un sujeto en sí que pasa a ser conocido, se convierte en objeto de conocimiento, abrumando al ser humano con una pesada carga de responsabilidad, sin embargo como dice Elena Díez (63*) también le muestra un camino individualmente creativo de hacerse a sí mismo, a pesar de lo dado y de toda circunstancia adversa. El hombre no

---

(63*http://www.cibernous.com/autores/existencialismo/teoria/existencialismo.html).

---

tiene una esencia que le determine a ser o a comportarse de una manera concreta, sino que él mismo es su propio hacerse, su propio existir. ¿Pero cuál es la dimensión específica de nuestra vivencia, de nuestro estar en el mundo?. La dimensión específica de la ciudad es la de la memoria histórica y su imaginario y la constitución de la ciudad se basa en la relación del hombre con la comunidad, con el territorio y la materia. La dimensión de la persona como ser único e irrepetible, existe como un "yo", capaz de auto-comprenderse, auto-poseerse y auto-determinarse. La persona humana es un ser inteligente y consciente, capaz de reflexionar sobre sí mismo y, por tanto, de tener consciencia de sí y de sus propios actos. Sin embargo, no son la inteligencia, la consciencia y la libertad las que definen a la persona, sino que es la persona quien está en base de los actos de inteligencia, de consciencia y de libertad. Estos actos pueden faltar, sin que por ello el hombre deje de ser persona, por tanto, la persona humana debe ser comprendida siempre en su irrepetible e insuprimible singularidad. El hombre en definitiva, existe ante todo como subjetividad, como centro de consciencia y de libertad. Sin menospreciar ninguna concepción y como categoriza Federico Ludueña, la cuarta dimensión es apenas un concepto geométrico al margen de cualquier entelequia esotérica, incluso un indicio de una posible serie de dimensiones espaciales superiores a las que conocemos, lo que ensancha el panorama antropológico y su complejidad, pero permanece intacta su esencia. Sin ir más lejos la teoría de cuerdas, por ejemplo, ha llegado a elaborar hipótesis basadas en 26 dimensiones y también se necesita la cuarta dimensión para entender hacia dónde se curva el espacio-tiempo de la relatividad de un espacio tan infinito que apenas podríamos abarcarlo (64*). Ante los antecedentes de la física, puede decirse que las dimensiones indican el grado de libertad de movimiento de un cuerpo en el espacio. Un punto encerrado en una línea tiene sólo un grado de libertad de movimiento, atrás-adelante. Un punto prisionero en un cuadrado posee dos grados de libertad de movimiento, atrás-adelante y derecha-izquierda. Un punto atrapado en un cubo goza de tres grados de libertad de movimiento, atrás-adelante, derecha-izquierda, y arriba-abajo. Finalmente, un punto en un hipercubo navega en cuatro grados de libertad de movimiento, atrás-adelante, derecha-izquierda. Un punto atrapado en un cubo goza de tres grados de libertad de movimiento, atrás-adelante, derecha-izquierda, y arriba-abajo.

Finalmente, un punto en un hipercubo navega en cuatro grados de libertad de movimiento, atrás-adelante, derecha-izquierda, arriba-abajo, y *anakata* (65*).

(64*) aesthethika© International Journal on Subjectivity, Politics and the Arts. Revista Internacional sobre Subjetividad, Política y Arte. Vol. 5, (2), abril 2010, 5-11, pág.2.
(65*) Cuando hablamos de 4 dimensiones se necesitan términos adicionales: Términos como ana/kata (a veces llamado spissitude o spassitude), vinn/vout (usados por Ruby Rucker), y epsilon/delta).

La cuarta dimensión, entendida como dimensión espacial adicional (no como dimensión temporal, como en la teoría de la relatividad) apareció en las obras literarias de Oscar Wilde, Fiódor Dostoyevski, Marcel Proust, H. G. Wells y Joseph Conrad, inspiró algunas obras musicales de Alexander Scriabin, Edgar Varèse y George Antheil y algunas obras plásticas de Pablo Picasso y Marcel Duchamp influyendo en el desarrollo del cubismo. Incluso personajes tan diversos como el psicólogo William James, la escritora Gertrude Stein o el socialista revolucionario Vladimir Lenin. La perspectiva del uso de los artistas da profundidad tridimensional a los cuadros de dos dimensiones con sus luces y sus sombras volumétricas, lo que ha permitido de manera gráfica, expresar lo que se percibe en una dimensión a través de otra e imaginar en consecuencia, que todo es posible por el hecho de ser concebible. Este concepto libre, expresado en libertad se puede entender a través del cine, la ciencia ficción y la cultura popular en ejemplos como los siguientes:

* La Cuarta Dimensión ha sido objeto de la fascinación popular desde los años 1920. Como "Into the Fourth Dimension" escrito por Ray Cummings en 1926, el comic "Eugene the Jeep" o "-And He Built a Crooked House" por Robert A. Heinlein.
* Donnie Darko usa la cuarta dimensión como argumento para el viaje en el tiempo. La referencia se relaciona con el agua que es una cuarta herramienta dimensional para viajar del tiempo.
* Alan Moore en su novela gráfica "From Hell" utiliza la cuarta dimensión como referencia a la locura de Jack el Destripador.

* El juego Star Ocean: Till the End of Time usa la cuarta dimensión como realidad.

* La película "Cube 2: Hypercube" (2002), la segunda en la serie de culto clásica del cubo, los personajes están atrapados en un teseracto con trampas y señuelos.

* Slaughterhouse-Five de Kurt Vonnegut caracteriza extraterrestres que existen entre Júpiter sus Lunas quienes lo referencian con la Cuarta Dimensión como el tiempo y el espacio.

* El viajero del tiempo en "La Máquina del Tiempo" de H.G. Wells identifica el tiempo como la cuarta, como el Doctor del primer episodio de Doctor Who.

* El videojuego Blinx: The Time Sweeper se refiere así mismo como "El primer juego de acción en 4D", con el jugador teniendo control sobre el flujo del tiempo del juego. Muchos otros juegos con habilidades de doblar el tiempo (como Prince of Persia: The Sands of the Time y Viewtiful Joe) o una coordinación interna del reloj (como Animal Crossing y Metal Gear Solid 3:SnakeEater) se les referencia como juegos en 4D.

* En la novela "A Wrinckle in Time", la cuarta dimensión representa tiempo, como las tres primeras representan longitud, anchura y profundidad.

* En la serie de televisión Threshold, una raza extraterrestre quiénes están efectuando una invasión en la tierra - vinieron a conectar a tierra con las naves espaciales que intersecan la cuarta dimensión.

* Hay muchas referencias a la cuarta dimensión en el cine de ciencia

ficción, en la película "Regreso al Futuro III", Doc le dice a Marty "No estás pensando en la cuarta dimensión".

* En "The Boy Who Reversed Himself," de William Sleator, los personajes principales se pierden en una cuarta dimensión espacial, donde encuentran a seres altamente inteligentes quienes se representa por 3 cruces dimensionales de ellos mismos, lo cual todos pueden ser percibidos en el libro de los personajes de tres dimensiones.

* El videojuego Super Mario Galaxy es el primero en ser considerado, o en proceso, como el primer juego que incluye gráficos en 4D.

* En la novela "Coming Back Trought Time" de Michael Atkinson", prueba la grabación de la historia probando alrededor de sí mismo en orden para regresar a la cuarta dimensión.

* La mayoría de los simuladores utilizan el 4-D como termino de comercialización.

* En el videojuego Mother, el personaje principal puede utilizar una capacidad especial de PK llamada "Fourth dimension slip" con la que sale inmediatamente de cualquier batalla.

* La novela "Diamond Dogs" del novelista Alastair Reynolds, los personajes deben solucionar enigmas y acertijos, algunos implican los objetos cuatridimensionales, esto para aventurarse más arriba de una estructura externa llamada "The Blood Spire".

* En la serie de televisión infantil Doraemon, el bolsillo mágico del mismo utiliza la cuarta dimensión para almacenar los inventos del

futuro. Más tarde, la teoría de Kaluza-Klein propuso que no sólo el campo gravitatorio podía ser interpretado de forma más sencilla como curvatura de un "espacio" de más de tres dimensiones, sino que si se introducía una nueva dimensión espacial enrollada o «compactificada», también el campo electromagnético podía ser interpretado como un efecto geométrico de la curvatura de dimensiones superiores. Así, proponía una teoría de campo unificado del electromagnetismo y la gravedad en un espacio-tiempo de cinco dimensiones, con una dimensión temporal, tres dimensiones espaciales extendidas y una dimensión espacial «compactificada» adicional, que, debido a su condición no era directamente visible pero su efecto era perceptible en forma de campo electromagnético.

Una propiedad decisiva de la escalera dimensional es que todo objeto que habite en n dimensiones puede ser invertido en espejo con una rotación por $n+1$ dimensiones. Para la representación de la cuarta dimensión, se puede establecer un vínculo con la ética. La cuestión a dirimir, y la rotación por $n+1$ dimensiones como el eje «universal-singular» o espacio del «acto ético». Al hacer rotar un triángulo fuera del plano, lo que se ve en el plano es que de pronto dos lados del triángulo desaparecen y queda a la vista sólo uno, digamos el cateto mayor, sobre el cual gira la figura. Es lo que ocurre con el acto ético cuando se desembaraza del eje particular o moral. En su movimiento, el acto ético no está sostenido por nada del mundo moral que se pueda percibir. Se apoya mínimamente en él para lograr su pasaje, pero nada más. En su rotación por una dimensión superior, el acto ético genera un nuevo espacio, que excede el eje de lo particular, aunque éste constituya una de sus facetas. Al regresar al espacio originario, el sujeto del acto ético.

Ya no será el mismo. Su posición subjetiva ha cambiado, y eso se manifiesta en la inversión en espejo. Además, ahora hay una dirección para recorrer que antes era ignorada. ¿Alguien puede atreverse a demostrar que somos conscientes de nuestra dirección y de cuántas otras ignoradas se superponen o coexisten entre nosotros?.

Para el acto ético, mantenemos que su rotación pasa por la cuarta dimensión, pues así conservamos el aspecto irrepresentable de la decisión, del momento de *nada* de la libertad en marcha, de la ausencia de garantías y de códigos rectores, ya que el sujeto pasa por un espacio que no percibe sino hasta que lo atraviesa. Esto no es una geometrización de la ética, nos insiste Ludueña, sólo nos servimos de una analogía compleja donde varios de los diferentes aspectos de un área de la geometría se corresponden o pueden corresponderse con otros de la ética (66*). En la pequeñez de la condición humana, desde el síndrome de Laron (67*) donde la naturaleza demuestra que las cosas son como son y no como queremos que sean, hasta el precio de la grandeza que es la

---

(66*) aesthethika©International Journal on Subjectivity, Politics and the Arts. Revista Internacional sobre Subjetividad, Política y Arte.Vol. 5, pág.9-10.
(67*) <u>síndrome de Laron</u>. Es una enfermedad rara y no tiene que ver en su origen y etiología con el enanismo más frecuente, al que se denomina <u>acondroplasia</u>.

responsabilidad, nos sometemos al acto por el cual damos un valor superior a lo que somos sobre lo que poseemos. Desde lo más pequeño hasta lo más grandioso, desde lo más abyecto hasta lo más sublime; lo denso y lo sutil evolucionan en el eterno devenir de un Universo que nadie sabe describir con objetividad, dada nuestra pequeñez atómica. Por lo que solo nos queda un constante fluir hacia "Aquello de lo que todo dimana y hacia lo que todo gravita."

6.8.- ANTILOGÍA DE UNA IDENTIDAD

Nuestra identidad solo puede ser prácticamente garantizada si los otros tienen salvaguardada la suya, (68*) que es como decir que mi libertad acaba donde empieza la del otro. Pero no es igual identificar que personalizar ni ser libre para tener libertad, de la misma manera que la ciudad tiene una identidad de identidades y el ciudadano es un ser unipersonal en lo social. Y como no podía ser menos, una mente tan brillante como la de Sócrates nos enseña un método para inventar ideas, la antilogía, la base de la nesciencia, a través de la reflexión crítica y liberadora de la "no identidad", en el afán de conocerse a sí mismo y al afirmar la *ignorancia*; finalmente la consciencia queda liberada de toda autoridad tradicional, de todo lo individual y de todo lo contingente. ¿Pero realmente es posible la homología de lo universal y lo permanente en un razonamiento y en

(68*) ww.fuhem.es/media/ecosocial/file/.../Reconquistar_la_ciudad.pdf.

una identidad?, si bien es cierto que una verdad lo será cuando sea universal y aceptada por todos, a través del diálogo y la inducción no se potencia precisamente una personalidad, a veces incluso se debilita cuando se auto cuestiona y se des-argumenta en sus convicciones más profundas. No obstante lo divertido en el juego de la libertad es el desprenderse de lo sensible tanto como de la erudición para conseguir una identidad ascéticamente natural.

La identidad se contrapone en cierta forma, a la variedad, suponiendo siempre un rasgo de permanencia e invariabilidad. La afirmación de la identidad ya fue determinada por Parménides en la antigua Grecia como el carácter idéntico del ser, sin embargo a posteriori, se ha defendido justo lo contrario, la ausencia de identidad, que permite la variación de resultados y el devenir de la realidad, y es que el mundo se fundamenta en la acción y en el cambio, véase cuales son las sociedades más avanzadas en su desarrollo físico y urbanístico (69*). A esta concepción se le asocia el "principio de no contradicción" (70*) donde no se puede afirmar de

(69*) *Biblio 3W.* Revista Bibliográfica de Geografía y Ciencias Sociales <Serie documental de *Geo Crític*>) Universidad de Barcelona.

un mismo elemento o sujeto un determinado atributo y su contrario, siendo la formulación elemental de este principio <aquello que es, lo es y lo que no es, pues no es>. Descartes pensaba que el simple conocimiento permite reconstruir identidades, y lo hace remontando la confusión y potenciando lo conocido por encima de los sentidos. Se le conoce por matematizar la consciencia (71*) que desembocó en el Racionalismo, en el canon de la razón y de la ciencia, pero ante todo le honra su mesura metodológica al basarse en el sentido común, a la "bona mens" (72*) y una justa proporción en el juicio de las cosas (la ratio). El entendimiento pretende reducir a ley y a identidad la pluralidad aparente de los fenómenos a través de la comparación. Todo es semejante a cualquier otra cosa y como seres pensantes que somos, no solo existimos sino que con la facultad de la intuición podemos imaginar lo que no vemos. Una ciudad es pensante en el sentido de que está formada y construida

por mentes y manos, de manera planificada y disfrutada, de manera

---

(71*) Luis Arenas: "De lo uno a lo otro: conocimiento, razón y subjetividad en Descartes" pag.99.
(72*) Idem...pág. 100.

intuitiva por muchas identidades interrelacionadas entre ellas en un

espacio común. La urbanidad beauvoireana tiene así consciencia de

su pensamiento e intuición de su existencia, pero no depende de

ninguna divinidad porque la duda no contiene ninguna idea de

perfección extensa como afirmaba Descartes, en todo caso de

intencionalidad e intuición racional, suficiente motivo para

depender solo de nosotros en un mundo cada vez más

diversificado. Para Sartre el ser humano no tiene naturaleza, ya que

es único en su especie y por tanto carente de ninguna necesidad

divina. Esa unidad es la que le hace libre y no tiene que arrastrar

ningún lastre social ni genético, precisamente por su poder de

voluntad, la libertad es constitutiva de la persona, excluyente de su

pasado. Pero reconoce que hay dos tipos o categorías de seres:

"seres en sí" o seres cerrados, que no se pueden definir; y "seres para sí" que somos los seres humanos... y estamos abiertos, pues somos indefinibles, no se puede decir que sirvamos para algo porque, de hecho, somos libres. Sartre afirma que entre aquello que nos pasa y nuestro yo, no hay nada -hay *la nada*. Podemos darle múltiples explicaciones distintas a los acontecimientos, pero el ser humano está rodeado de una nada que le permite concederle a lo que nos ocurre la libertad de interpretar los sucesos. Este concepto tan abrumador contra toda jerarquía represora lo petrifica con una frase desconcertante, según sus singulares palabras: "La consciencia es un vértigo de posibilidades que demuestra que somos libres". Esta angustia existencial produce el miedo a experimentar la propia libertad y sobre todo ahora que tendría el parangón de unas redes sociales tan abiertas como ilimitadas, sin un báculo en el que apoyarse y sin un referente claro al que ceñirse, pero esa es la esencia de la emancipación de la consciencia y a su vez el principio real del verdadero "yo". Según Sartre, nunca o casi nunca enfrentamos la realidad (ser en si) de modo directo, si no a través de las instituciones humanas que en rigor más que revelarla, la encubren. El existencialismo sartriano procura poner de manifiesto la fuerza y el coraje de la consciencia humana para aceptar el absurdo de la existencia, y su capacidad de otorgar sentido en un mundo sin sentido. ¿No se le acusa al mundo globalizado de haber perdido también su sentido?, en términos beauvoireanos la realidad ha revelado una ausencia, un "no ser" una "nada". Esta ausencia no es meramente un hecho subjetivo, es real, y estas ausencias son los espacios vacíos donde es posible una acción libre. Así pues es preferible contener un "no ser" para poder hacer posible una acción en tiempo siempre presente. Ernesto Sábato aconsejaba leer con una mirada abierta para rechazar la realidad como un hecho irrevocable.

A veces también pensaba que nada tenía sentido, que gritamos anónimamente en un desierto de astros indiferentes, pero admitía la grandeza de la genialidad en alguien que descubre que la piedra que cae y la luna que no cae representan un solo y mismo fenómeno. Pero se traiciona a sí mismo cuando dice que la razón no sirve para la existencia, sin duda ante la angustia saturniana de una sensibilidad que la siente más cerca que su propio entendimiento, sin embargo al existir contribuye a la protección de la humanidad al no resignarse como artista que se siente niño, hombre y mujer al mismo tiempo, como debe entenderse el sentido beauvoireano del mundo. Sábato también afirmaba que la mayoría de la gente no quiere la libertad, sino que la teme. ¿Eso explica que en las redes se disfracen tantas miserias, ilusiones y frustraciones al solaparlas con perfiles irreales, por no atreverse a ser eso que dicen ser sin serlo?. Una huida de sí mismo que se hace polifacética en las variantes beauvoireanas y que Sábato lo escenifica muy bien a través de un inabarcable túnel sin límites, (73*) entre la distopía (74*) de las relaciones sociales y la introversión personificada en el ansia por superar la esencial soledad. El anhelo de comunicación en una sociedad abúlica y globalizada tan deshumanizada como tecnificada puede provocar fobias sociales a todos los niveles, como discurría Sábato en su antisectarismo respecto de los grupos asociados (75*). Y si lo sufre un comunicador nato como el escritor, ¿por qué no van a ser agentes fóbicos aquellos otros anónimos que no acostumbran a expresar lo que apenas les cuesta discernir?.

--La razón científica analítica, que conduce siempre a nuevas especializaciones del saber, fragmenta las ciencias. Crea la mentalidad de relatividad de los acontecimientos, los cuales son válidos sólo hasta cuando surja otra teoría o se haga un nuevo descubrimiento científico. Se crea así un nuevo paradigma científico, en el cual la teoría cuántica,

---

(73*) "había creído ingenuamente que venía por otro túnel paralelo al mío, cuando en realidad pertenecía al ancho mundo, al mundo sin límites de los que no viven en túneles; y quizá se había acercado por curiosidad a una de mis extrañas ventanas y había entrevisto el espectáculo de mi insalvable soledad",(Sábato 2000:53 los destacados son míos.

(74*) El advenimiento de las nuevas tecnologías y el cosmopolitismo económico y cultural, proyectan supra estructuralmente ciertos valores, políticas y entronización de tipos humanos como correlatos necesarios para el progreso y justicia social. Estamos en definitiva, ante un modelo de sociedad utópica y alienante en su discurso unilateral de verdad.

(75*)...*detesto los grupos, las sectas, las cofradías, los gremios y en general esos conjuntos de bichos que se reúnen por razones de profesión, de gusto o de manía semejante(..). No tengo preferencias; todos me son repugnantes* (Sábato 2000:8.

el principio de incertidumbre de Heisenberg y la teoría de la relatividad de Einstein, entre otros, refuerzan la mentalidad de que las verdades, las certezas, son provisionales, y que la consciencia misma del observador influye en la definición y hasta en la existencia propia del objeto observado. Esta definición que J.B. Libiano que describe en su artículo "Globalización y fragmentación" sin pretenderlo, se puede interpretar como una explicación lógica del espectro pluralista de la novedad y de la libertad. Pero sin ser el ombligo de nada y en plena analogía con la identidad orgánica de la ciudad, vemos que la estructura de redes orgánicas y redes urbanas se diseña a través de la tecnología de la información de tal manera que la ciudad se convierte en una red orgánica de cuadrículas y diagramas en la que se yuxtaponen imágenes y sonidos urbanos en un laberinto urbanístico llamado "espacio en red", donde la comunicación ya no se entiende sin estar en línea con el resto del mundo. Se ha pasado de tener claustrofobia internacional a la cosmogonía social sin fronteras. El "yo" se ha diversificado y hasta se ha multidimensionado en un mundo imaginario, que carece de parangones y doctrinas impuestas ante una realidad casuística inesperada, que por primera vez en la historia ha hecho que el poder político sigue al pensamiento de los cibernautas y que la persona, tenga un medio en el que es dueño de su espacio y de su libertad para escenificarlo. Ahora bien, teniendo en cuenta que la controversia surge ante el peligro de que el conocimiento preciso del genoma humano y el desarrollo de la ingeniería genética, posibiliten modificaciones dirigidas a alterar algunos de los rasgos de la herencia genética del hombre, habrá que ver si después de superar el Determinismo del Universo infinito y estático de la época moderna, va a resultar que no somos tan independientes ni gozamos de libertad natural, salvo en lo que concierne a ser conscientes de nosotros mismos en nuestra limitación como especie evolutiva. Antes de prosperar en la creación de nuevas especies vegetales o animales con el fin de incrementar la producción agraria, habría que mejorar el estatus moral y mental de quién pretende convertirse en manipulador de vida y experimentador de laboratorio. Claro que si tenemos presente que la materia es totalmente mutable y que a nivel subatómico no hay certidumbre de que la materia exista en lugares definidos, sino que más bien muestra cierta "tendencia" a existir, entonces todas las partículas se pueden transmutar en otras y se pueden crear a partir de la energía y convertirse en otras partículas. Trasladado a la visión beauvoireana del mundo, para ser libre basta con empatizar simultáneamente en la condición de seres interconectados cognitivamente. Véase el ejemplo del marco holográfico de la realidad, donde no somos una simple pauta de dicha pauta, somos la pauta. Ella es nosotros y nosotros somos ella;

sólo que ahora es preciso abandonar el término "ella" y sustituirlo por algún otro más apropiado, para derribar el bloqueo que experimentamos en nuestro cerebro cuando tratamos de comunicarnos.

En definitiva y volviendo a los cambios morfogenéticos de la física cuántica, al comprobar que se propagan a través del espacio y el tiempo y teniendo en cuenta que lo acontecido en el pasado puede influir en otros sucesos en cualquier otro lugar, la conexión entre partículas distantes nos llevaría a reflexionar sobre el proceso creativo que provoca el nuevo pensamiento, a través del cual se realizan nuevas entidades globales, es similar, en ese sentido, a la realidad creativa que da lugar a los nuevos entes totales en el proceso evolucionista. Según Bárbara Brennan, se podría considerar que el proceso creativo es un desarrollo sucesivo de totalidades más complejas y en mayor nivel, a través de cosas previamente separadas que se conectan entre sí (76*). Por consiguiente, nuestra realidad es como nuestra libertad, multidimensional, inseparable de nosotros mismos y una vasta trama de posibilidades que surge del Todo. Para desarrollar la personalidad (77*) en el mejor espacio posible habría que cubrir tres aspectos fundamentales:

1.-Alfabetizaciónciudadana

Si algo hay que inculcar es la multiculturalidad y a participar en la vida civil, a implicarse en la comunidad, a mantenerse informado entendiendo los procesos políticos y administrativos, y a ejercer sus derechos y obligaciones

---

(76*)   Fuente original: http://www.scribd.com/doc/49898/Metafisica-es-Fisica-Pura.
(77*) blog.languagecentre.es/?p=79)

2.-Alfabetización emocional

El reto es formar personas que sepan expresar sus propias emociones, que se conozcan y tengan capacidad de autocontrol y de autorregular sus comportamientos con responsabilidad y confianza, así como la empatía para poder entender a los demás, cualidades imprescindibles para vivir en un mundo globalizado y tecnificado.

3.-Alfabetización emprendedora

Sabiendo pensar y regulando el propio proceso de aprendizaje y de autoevaluación, se conseguirá una sociedad creativa y abierta con capacidad de transformar todo lo caduco y lo que no tiene validez, incluso desde la originalidad se evitan las manipulaciones y adoctrinamientos y fluyen las mejores ideas con la mejor garantía de libertad, por ello hasta que no se libere a la libertad, no habrá un salto cualitativo en la civilización acorde con la velocidad tecnológica.

La Psicología Social estudia la identidad desde la óptica de la comunicación, al entender que se adquiere consciencia de sí mismo al relacionarse con los demás, es decir, que esta concepción se construye de forma dinámica a través de las interacciones que los sujetos establecen entre sí. Pero esto es demasiado genérico y simple al mismo tiempo, habida cuenta que en casos de aislacionismo físico y hasta en retiros voluntarios del espectro social, se tiene plena consciencia de su identidad y hasta de su verdadera identidad. El medio social en principio sirve para multiplicar relaciones sociales, pero no es menos cierto que mediatiza y contamina esencias identitarias por su presión y por la ausencia de reacción sobre los hechos y actitudes de los demás. En ese sentido es cierto el punto de vista de George Herbert Mead(1959), al incorporar el "self" como la capacidad de considerarse a sí mismo, sujeto y objeto. El Interaccionismo Simbólico apuesta por esta dualidad a través de la reflexión y de la capacidad de ponerse inconscientemente en el lugar de los otros para actuar como lo harían ellos. Pero este proceso empático es potenciador de la personalidad cuando se tiene una mínima capacidad y un carácter lo suficientemente pragmático como para entender al yo y al otro, es cuando se dan las circunstancias para enriquecernos y evolucionar desde la identidad y desde la unidad básica.

De cualquier manera, a veces basta el simple ritual diario y las costumbres adquiridas para encerrarse en un campo limitado, mediatizado y adquirido de antemano en el que solo interesa la rutina, la pequeñez de placeres considerados vitales y una ausente ambición por cambiar nada. Este papel pasivo lo abanderan esas mayorías incondicionales subordinadas a cualquier tipo de liderazgo que les permita considerarse protegidos y hasta neciamente, privilegiados.

Pierre Bourdieu (1972) hablaba del "hábitus" como cultura incorporada e interiorizada por sujetos sociales que presumirán de civilización actuando tras una máscara expresiva o cara social, como lo define Goffman, una imagen prestada que se le puede censurar si no se comporta dignamente. Esta fachada como lo nombra Teresa Velázquez (1992), define a la personalidad visible del individuo y no su carácter real, ante la rotundidad de que es imposible no comunicar, pero que debería ceñirse a juegos de vínculos y a poner en escena el "yo" de modo que la interacción generara nuevas formas de percepción de uno mismo.

7.- CONCLUSIONES

El mundo físico puede que sea ontológicamente independiente de nuestras representaciones mentales, pero desde luego lo que nadie duda es que el centro del <u>universo</u> es él YO y mientras que su emisor de mensajes se logra mediante <u>símbolos</u> verbales o representaciones imaginables, su concepción espacial es el hábitat beauvoireano en el que todos pueden adueñarse de su espíritu sin ser despojados, ya que como sentencia Ekambi-Scmdit: Mi hábitat soy yo, abierto a todos. Y como al mejor amigo que es recibido sin restricciones, se le deja en entera libertad, así nuestro cuerpo-hábitat debe permitir fluir a sus instintos identitarios con afectividad y vehemencia, entre el "in" y el "out", entre las constelaciones de atributos espontáneos y matizados por las constelaciones de atributos inducidos, con dos puntos de vista asimétricos para cada elemento. El individuo que practica cotidianamente su hábitat en todos sus aspectos puede poetizar su espacio sin huir de la realidad, porque ¿hasta qué punto somos capaces de desvirtuar los hechos para imaginar la ilusión de bienestar sin perjuicio para con nosotros mismos y para la sociedad?.

Comenzamos este trabajo analizando cómo la acción es fundamental, a partir de las acciones concretas para que desde la interiorización de éstas surja la operación intelectual o del pensamiento. Partiendo de la consciencia corporal en una primera secuencia se van desarrollando los elementos de la expresión: espacio, tiempo y movimiento en base a nuestro espacio centrado o segunda secuencia evolutiva. La urbanidad básica como tercera secuencia nos engloba en un maremágnum de relaciones interpersonales donde a la individualidad no le queda más remedio que situarse frente al mundo como agente activo que no debe cosificarse ni alienarse, sino colaborar en su transformación personal y la del mundo, porque al tener consciencia se le presupone el deber de trabajar por el progreso y la perfección de humanizar el mundo. La cuestión será ser un verdadero ejemplo humanista para seguir dominando las directrices evolutivas y aprovechar las tecnologías con inteligencia y personalidad autosuficiente. Todo un reto para el siglo XXI y la asignatura pendiente en el devenir civilizador de la raza humana.

Quizás el espacio virtual puede convertirse en una alternativa al espacio urbano, a medida de los usuarios, habida cuenta que se ha demostrado la interacción de los campos y fuerzas energéticas que fluyen ineludiblemente, de tal manera que nos queda por ver si nos convertiremos en tecnología humana o adquiriremos otros hábitos contrapuestos a esta corriente

digital en el momento que se consideren desfasados o den un giro técnico diferente.

La genética de las poblaciones nos viene avisando de las posibilidades que tiene la ciencia o en su caso, el interés particular, de poder alterar el orden evolutivo con los medios tecnológicos adecuados y aprovechándose de la circunstancia de que a través de las variaciones genéticas se comprueba el poder de la mutación y la veracidad de sus resultados. Tal es así que si el alelo más eficaz es algo salvaje y surgido espontáneamente o por sorpresa, o como se quiera interpretar, podemos deducir en nuestro favor que una idea contundente o una convicción medular irrefrenable podría ser el mecanismo de liberación de todo prejuicio inservible, de revulsivo interno y de mecanismo generador de personalidad, de verdadera libertad. Esto no debería asustar a nadie, ya sabemos que cualquier elemento es un fenómeno único que jamás es idéntico en otra parte ni en otro momento y por tanto, la referencia es el aprendizaje, lo social; mientras que la esencia es el soplo fulminante de la acción y la intuición, lo personal.

Si el rol del ciudadano es la construcción de la ciudad sostenible a su medida, el rol del individuo tendrá que cimentarse sobre su libertad de ser de acuerdo a su capacidad como persona inteligente, ya que en la ignorancia no se es ni libre ni capaz. Algo imprescindible para expandirnos hasta llegar a los límites

de nuestras posibilidades, como la arquitectura lo hace partiendo del centro, desde el Yo atómico que incluye infinitud de universos hasta difuminarse voluntariamente en la ecumenópolis del mundo. Ser y habitar es edificarnos estructuralmente a través de las vivencias que asumimos como nuestras, en una sociedad actualmente informatizada, donde el nuevo urbanismo es un cronotopo ya no solo potencial, sino necesariamente universal en el sentido de lo que representa su momento histórico que no es otro que la mega-socialización iniciada a través de la globalización.

Ante esta vorágine crónica de nuestro mundo tenemos que revalidarnos dignamente y nominalmente, asumiendo la subjetividad ambiental y la crisis del paisaje desde una posición de autonomía crítica, rebelándonos contra el caos natural de la Nada existencialista pero con una visión operante y beligerante, rescatando las palabras de Cineas: "Pido que las libertades se vuelvan hacia mí para necesitar mis actos". Para Simone de Bauvoir, no se puede superar un proyecto sino realizando otro proyecto, y es que no hay tiempo sin acción y todo proyecto genera o deja lugar a otro problema. Por tanto al no haber un origen ni un final evidente, nuestra libertad nos libera de la ilusión de cualquier objetividad y ya bastante tarea tenemos con entender y defender nuestros propios fines en un mundo hostil por naturaleza, de la misma manera que el único lugar o espacio personal es el que nosotros construyamos por nuestros propios medios. Pero esto no significa como pensaban los existencialistas que solo existe un punto de vista real, ya que ese único punto de vista en todo caso es supra-objetivo, según el cual todo es fácilmente rebatible y nada es absoluto, donde el punto de vista real es la sinopsis de todos, la potencialidad posible, "la posibilidad de ser" simplemente. El ser humano en todo caso no tiene una esencia que le determine, sino que él mismo es su propio hacerse, su propio existir.

Inocente en esencia (no libre) y libre en trascendencia, esa es la trayectoria natural que podemos inferir tras este recorrido panegírico. La trascendencia para los pasivos es de índole espiritual y para los activos y los beauvoireanos es acción, porque el acto de actuar en libertad es crearse a sí mismo, la antítesis del Génesis. Con la voluntad de poder el individuo puede superarse en su esencia vital. El hombre es hombre solo por su negación a permanecer pasivo, por el impulso que lo proyecta con el propósito de dominar las cosas y darles forma. Para el individuo, existir significa remodelar la existencia, como asegura la esencia beauvoireana, como una manera de vivir individualmente y como una manera de luchar colectivamente porque las opresiones existentes nos implican a todos, incluso ante el reto tecnológico de la digitalización de la mente, ¡quién sabe si este nuevo escenario organiza, equilibra y redistribuye mejor el conocimiento que hasta ahora!, porque el pasado está repleto de alteraciones y desigualdades, en un divorcio involuntario entre el materialismo y el idealismo, entre lo real y lo visionario.

En adelante solo nos queda educar en la diferencia en homenaje a las conciencias mutiladas de *Nawal-el-SaadawiyFarida al-Nakash*, al igual que tantas personas anónimas en este mundo de hojalata, que lo único punible contra ellas se reduce a defender la pluralidad, ya que ni siquiera hablan en nombre de ellas, porque si hay algo digno de religiosidad en su universalismo, es el compartir la verdad con el corazón y la justicia con la razón. Mientras tanto su energía es compartida en la clandestinidad de su origen y en tierra laica, donde únicamente puede brotar el germen de la prudencia y la luz del conocimiento. Sin laicidad no hay auténtica libertad ni igualdad entre hombres y mujeres, ni puede haber laicidad sin feminismo ni sin las tendencias innovadoras de todos los ismos. A todos esos obstáculos que la mente pone freno habría que explicarles que la libertad es el descubrir esencialmente lo desconocido y que hacerlo significa renunciar a lo conocido o aceptarlo y poder negarlo para saber lo que somos, en definitiva, que sigue vigente la imperiosa necesidad mayéutica socrática de psicoanalizarnos continuamente oponiendo al mismo concepto diferentes apreciaciones. Pero como quiso el premio nóbel: "Aquellos cuyas vidas son provechosas para ellos mismos, para sus amigos o para el mundo, están inspirados por una esperanza y sostenidos por la alegría, ven en su imaginación las cosas como pudieran ser y el modo de realizarlas en el mundo (78*). Si para Sartre somos indefinibles al no tener

78* Bertrand Rusell. "Los caminos de la libertad". Cap. VIII: Como se puede organizar el mundo. Pág...197)

naturaleza, precisamente por ser únicos en su especie, ¡quién nos dice que somos tan independientes o incluso reales, cuando a nivel subatómico no hay certidumbre de que la materia exista en lugares definidos, sino cierta "tendencia" a existir!. ¿Se conformará el individuo con el hábitus de una personalidad meramente visible o aprovechará el poder de la creatividad a través de la conexión entre partículas y seres distantes que se conectan entre sí para determinar su auténtica realidad en un mundo cada vez más virtual y por ende, menos humanizado?. Desde luego que una voz no puede erigirse en portavoz de la plenitud, pero en honor a los que apenas tienen fonación y de quienes no han podido opinar, nos exoneramos de toda dependencia afirmando: solamente los que hemos guardado silencio estamos en condiciones de culminar el epílogo.

8.- BIBLIOGRAFÍA

--AEBLI, Hans., "Una Didáctica Fundada en la Psicología de Jean Piaget", 19ª edición (Argentina, Kapelusz) 1958.

-- AGUIRRE Romero, Joaquín Mª: "Nuevas fronteras y escenarios culturales en la Sociedad de la Información, en *Periodismo y fronteras culturales*"; Madrid, Tauro. (2001).

-- ALGUACIL Gómez, Julio. "Espacio público y espacio político. La ciudad como el lugar para las estrategias participativas" Madrid (España), 2008.

-- ANGUERA Arguilaga, M.Teresa. "La observación participante". A. Aguirre Baztán (Editorial: Etnografía). Metodología cualitativa en la investigación sociocultural. Barcelona: Marcombo, (1995).

-- BLUMER, Herbert y Ruesch, J.: "Naturaleza e ideas del interaccionismo simbólico". Universidad de Chicago. 1938.

-- DE BEAUVOIR, Simone. "¿Para qué sirve la acción?". Traducido por Juan José Sebreli...Editorial La Pléyade, Buenos Aires, 1972.

Título de la edición original: Pyrrus et Cinéas, Gallimard, Paris, 1944.

-- DE BEAUVOIR, Simone "Memorias de una joven formal", Ed. Gallimard. Paris. 1958

-- DE FUSCO, Renato. "La idea de Arquitectura. Historia de la crítica desde Viollet-le-Duc a Pérsico". Colección Punto y Línea. Editorial Gustavo Gili. Barcelona 1976.

-- EISENMAN, Peter. "El fin de lo clásico: el fin del comienzo, el fin del fin". Revista Arquitecturas Bis. N° 48, Barcelona, 1984.

-- EKAMBI-Schmidt, Jézabelle, "La percepción del hábitat", Editorial .Gustavo Gili, Barcelona 1974.

-- KAFKA, K. Franz". "La ciudad". Praga Institut d' Edicions, Diputació de Barcelona. 1999.

-- LEFEBVRE Henri, *"El derecho a la ciudad,"* *(Ed. Península, Barcelona 1973).*

-- MARQUÉS Y ESPEJO. Antonio. "El viaje de un filósofo a Selenópolis" .Paipérez. Ediciones. 2007.

-- MONCLÚS Fraga, F. Javier. "Exposiciones Internacionales y Urbanismo. El proyecto Expo Zaragoza 2008". Barcelona: Ediciones UPC, 2006. Primera Ed.

-- MORALES, José Ricardo. "La concepción espacial de la arquitectura". Arquitectónica. Ed. Universidad de Chile, Santiago, 1969.

--RODRIGO García, Merce. "Producción de Espacio Urbano vivido en modo virtual". Editorial Abril. 2008.

-- RUSSELL, Bertrand. "Los caminos de la libertad", Ediciones Orbis. Barcelona1961.

--SÁBATO, Ernesto. "El túnel". Buenos Aires: Editorial Planeta Argentina. SA./Seix Barral, (2000).

-- WILLIAMS, Raymond. "Sociología de la cultura". Editorial Paidos. 1994

HEMEROTECA

-- Revista Didáctica y Evaluación de las Ciencias Sociales en la Educación Básica. Capítulo 4: Didáctica de las nociones de "Espacio Tiempo". Editorial Universidad Arturo Prat. Chile 2001.

--SISTEMAS TUTORIALES INTELIGENTES, Carlos Armando Cuevas Vallejo. Departamento de Matemática Educativa. CINVESTAV, I.P.N.

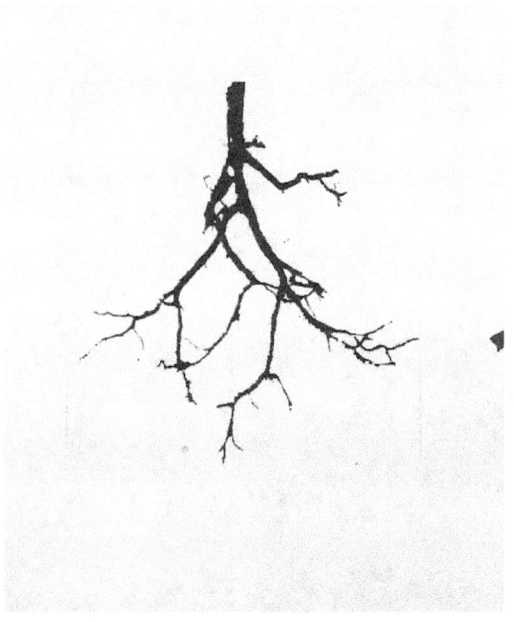

Biografía

<Francisco Martínez Pintor........Pseudónimo **FFANK>**

** Ejerce como profesor en la Escuela de Arte y Superior de Diseño de Murcia.

** Autor de la Metodología FFANK (poder de sugestión de la voz e imagen).

** Autor de la Técnica: "Entótica naïf" (discapacitados auditivos y visuales).

** Investigador y experto en Ciencias del Arte: Aprendizaje cardinal, Neuroplástica, Gerontología, Teorías Nulas.

** Jefe de grupo del Departamento de Investigación y Comunicación de Extensión Artística "D.I.C.E.A.":

-- Arte conexo entre identidades inconexas.

-- Filosofía Intuitiva Interactiva.

** Presidente de la Plataforma ADDE (France).

** Promotor de la Filosofía Intuitiva y de la Psicofiguración en la Comunicación.

• Publicaciones:

■ Tratado Pedagógico de docencia artística:
  <Metodología FFANK
■ Tratado Anatómico de la Psicofiguración
■ Mi Ciencia Creativa
■ Miradas diferidas: Prueba sobre una discapacidad utópica
■ Ecumenópolis de la imagen Beauvoireana del mundo
■ La lira de Currito
■ En libertad
■ Oda marina… ada María
■ Oda a Esmeralda
■ Poemario a mi niña
■ Versatum